맛있는 일본 지도

- 교토 _ 82쪽
- 효고 _ 62쪽
- 오이타 _ 120쪽
- 후쿠오카 _ 110쪽
- 나가사키 _ 140쪽
- 오사카 _ 72쪽
- 나라 _ 92쪽
- 구마모토 _ 130쪽

맛있는 일본어  독학 첫걸음

쓰기 노트

JRC 일본어연구소 저

무료 MP3 파일 다운로드

www.booksJRC.com

맛있는 books

JRC 일본어연구소 저

 **DAY 01** ひらがな ❶ 히라가나 ❶

1 청음(清音)

あ(아)행
히라가나

글자 TIP 「う」는 다른 글자보다 폭을 좁고 날씬하게 쓰세요.

	あ	あ	あ		
[아 a]

	い	い	い		
[이 i]

	う	う	う		
[우 u]

	え	え	え		
[에 e]

	お	お	お		
[오 o]

날짜: /

ア(아) 행
가타카나

굴자 TIP 「エ」는 「エ」부분을 살짝 길게 쓰세요.

20쪽 Track 01-01

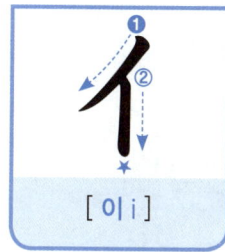
[아 a]

ア	ア	ア		

[이 i]

イ	イ	イ		

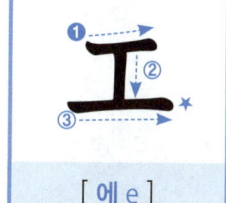
[우 u]

ウ	ウ	ウ		

[에 e]

エ	エ	エ		

[오 o]

オ	オ	オ		

| WEEK 01 | 3

か (카) 행
히라가나

글자 TIP 「き」는 「き」부분의 끝을 살짝 위로 올려서 쓰세요.

 [카 ka]	か	か	か		

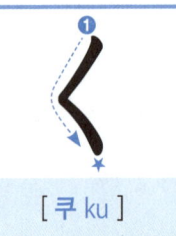 [키 ki]	き	き	き		

く [쿠 ku]	く	く	く		

 [케 ke]	け	け	け		

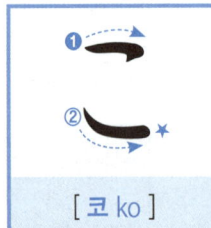 [코 ko]	こ	こ	こ		

カ(카)행 가타카나

글자 TIP 「コ」는 「コ」 부분이 「ユ」처럼 튀어나오지 않도록 쓰세요.

| [카 ka] | カ | カ | カ | | |

| [키 ki] | キ | キ | キ | | |

| [쿠 ku] | ク | ク | ク | | |

| [케 ke] | ケ | ケ | ケ | | |

| [코 ko] | コ | コ | コ | | |

さ(사)행 히라가나

글자 TIP 「す」의 「す」 부분은 첫 획의 중앙을 통과하는 느낌으로 쓰세요.

[사 sa]

さ	さ	さ		

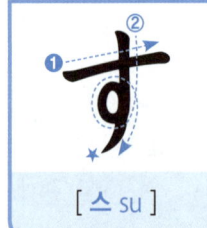
[시 shi]

し	し	し		

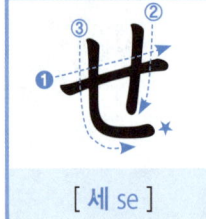
[스 su]

す	す	す		

[세 se]

せ	せ	せ		

[소 so]

そ	そ	そ		

날짜: /

サ(사) 행 가타카나

글자 TIP: 「シ」의 「シ」 부분은 아래에서 위로, 「ソ」의 「ソ」 부분은 위에서 아래로 쓰세요.

21쪽 Track 01-03

サ [사 sa]	サ	サ	サ		
シ [시 shi]	シ	シ	シ		
ス [스 su]	ス	ス	ス		
セ [세 se]	セ	セ	セ		
ソ [소 so]	ソ	ソ	ソ		

| WEEK 01 | 7

た(타)행 히라가나

글자 TIP 「つ」는 타원을 그리듯 약간 납작하게 쓰되 끝부분이 글자의 중앙을 넘지 않도록 짧게 쓰세요.

た [타 ta]	た	た	た		

ち [치 chi]	ち	ち	ち		

つ [츠 tsu]	つ	つ	つ		

て [테 te]	て	て	て		

と [토 to]	と	と	と		

た (타) 행 가타카나

글자 TIP: 「ツ」의 「ツ」부분은 위에서 아래로 쓰고 「シ(시)」와 구별하세요.

 21쪽 Track 01-04

タ [타 ta]	タ	タ	タ	
チ [치 chi]	チ	チ	チ	
ツ [츠 tsu]	ツ	ツ	ツ	
テ [테 te]	テ	テ	テ	
ト [토 to]	ト	ト	ト	

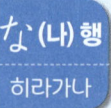 **な(나)행** 히라가나 글자 TIP 「な」,「ぬ」,「ね」의 끝부분은 작은 타원을 그리듯 쓰세요. |22쪽 Track 01-05

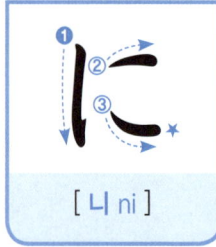
[나 na]

な	な	な		

[니 ni]

に	に	に		

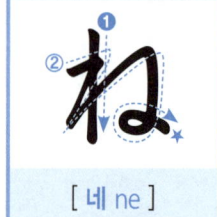
[누 nu]

ぬ	ぬ	ぬ		

[네 ne]

ね	ね	ね		

[노 no]

の	の	の		

ナ(나)행 가타카나

글자 TIP 「ニ」의 「ニ」부분은 살짝 길게 쓰세요.

Track 01-05 | 22쪽

ナ [나 na]	ナ	ナ	ナ		
ニ [니 ni]	ニ	ニ	ニ		
ヌ [누 nu]	ヌ	ヌ	ヌ		
ネ [네 ne]	ネ	ネ	ネ		
ノ [노 no]	ノ	ノ	ノ		

は(하) 행
히라가나

글자 TIP 「ほ」는 「は」와 같이 머리 부분이 튀어나오지 않도록 조심해서 쓰세요.

| 22쪽 | Track 01-06 |

は [하 ha]	は	は	は		
ひ [히 hi]	ひ	ひ	ひ		
ふ [후 fu]	ふ	ふ	ふ		
へ [헤 he]	へ	へ	へ		
ほ [호 ho]	ほ	ほ	ほ		

날짜: /

ハ (하) 행 가타카나

글자 TIP 「ホ」의 「ホ」 부분은 살짝 위로 향해 꼬부라지게 쓰세요.

22쪽 Track 01-06

| ハ [하 ha] | ハ | ハ | ハ | | |

| ヒ [히 hi] | ヒ | ヒ | ヒ | | |

| フ [후 fu] | フ | フ | フ | | |

| ヘ [헤 he] | ヘ | ヘ | ヘ | | |

| ホ [호 ho] | ホ | ホ | ホ | | |

| ま(마) 행 히라가나 | 글자 TIP | 「む」를 쓸 때에는 마지막 점을 잊지 마세요. 「め」는 모양이 비슷한 「ぬ(누)」와 헷갈리지 않도록 주의하세요. | 23쪽 Track 01-07 |

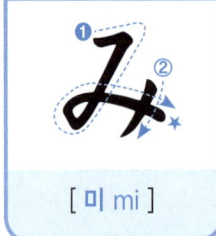

[마 ma]

| ま | ま | ま | | |

[미 mi]

| み | み | み | | |

[무 mu]

| む | む | む | | |

[메 me]

| め | め | め | | |

[모 mo]

| も | も | も | | |

| 날짜: /

マ(마) 행
가타카나

글자 TIP 「ミ」는 평행이 되지 않도록 오른쪽 아래로 향해 쓰세요.

23쪽 Track 01-07

| マ [마 ma] | マ | マ | マ | | |

| ミ [미 mi] | ミ | ミ | ミ | | |

| ム [무 mu] | ム | ム | ム | | |

| メ [메 me] | メ | メ | メ | | |

| モ [모 mo] | モ | モ | モ | | |

| WEEK 01 |

や(야) 행 히라가나

글자 TIP 「ゆ」의 「ゆ」 부분은 밑으로 살짝 흘리듯 쓰세요.

[23쪽] Track 01-08

や [야 ya]	や	や	や	

ゆ [유 yu]	ゆ	ゆ	ゆ	

よ [요 yo]	よ	よ	よ	

STOP 모양이 비슷한 글자에 유의하세요!

き [키 ki]	き		
さ [사 sa]	さ		

は [하 ha]	は		
ほ [호 ho]	ほ		

ぬ [누 nu]	ぬ		
ね [네 ne]	ね		

ぬ [누 nu]	ぬ		
め [메 me]	め		

날짜: /

ヤ(야) 행
가타카나

글자 TIP 「ユ」는 「コ」 부분이 살짝 오른쪽으로 나오게 쓰세요.

23쪽 | Track 01-08

ヤ [야 ya]	ヤ	ヤ	ヤ		

ユ [유 yu]	ユ	ユ	ユ		

ヨ [요 yo]	ヨ	ヨ	ヨ		

STOP 모양이 비슷한 글자에 유의하세요!

ク [쿠 ku]	ク			シ [시 shi]	シ		
タ [타 ta]	タ			ツ [츠 tsu]	ツ		
チ [치 chi]	チ			ヌ [누 nu]	ヌ		
テ [테 te]	テ			メ [메 me]	メ		

| WEEK 01 | 17

ら (라) 행 히라가나

글자 TIP 「り」는 전체 모양이 길쭉한 느낌으로 쓰되, 첫 획이 둘째 획보다 짧다는 것에 주의하여 쓰세요. 「い(이)」와 모양이 비슷하므로 주의하세요.

ら [라 ra]	ら	ら	ら		
り [리 ri]	り	り	り		
る [루 ru]	る	る	る		
れ [레 re]	れ	れ	れ		
ろ [로 ro]	ろ	ろ	ろ		

날짜: /

ラ(라)행 가타카나

글자 TIP 「リ」의 「リ」 부분은 히라가나 「リ」처럼 위로 튀지 않도록 쓰세요.

| 24쪽 | Track 01-09 |

| [라 ra] | ラ | ラ | ラ | | |

| [리 ri] | リ | リ | リ | | |

| [루 ru] | ル | ル | ル | | |

| [레 re] | レ | レ | レ | | |

| [로 ro] | ロ | ロ | ロ | | |

| WEEK 01 |

わ(와)행 / ん(응)
히라가나

글자 TIP 「を」의 「を」부분은 길이를 짧게 쓰세요.

わ	わ	わ		
[와 wa]

を	を	を		
[오 o]

ん	ん	ん		
[응 N]

STOP 모양이 비슷한 글자에 유의하세요!

[치 chi] ち	ち				[루 ru] る	る		
[라 ra] ら	ら				[로 ro] ろ	ろ		
[이 i] い	い				[레 re] れ	れ		
[리 ri] り	り				[와 wa] わ	わ		

ワ(와) 행 / ン(응)
가타카나

24쪽 | Track 01-10

글자 TIP 「ン」의 「ン」 부분은 아래에서 위로 쓰고 「ソ(소)」와 구별하세요.

ワ [와 wa]	ワ	ワ	ワ		

ヲ [오 o]	ヲ	ヲ	ヲ		

ン [응 N]	ン	ン	ン		

🛑 모양이 비슷한 글자에 유의하세요!

コ [코 ko]	コ			ラ [라 ra]	ラ		
ユ [유 yu]	ユ			ヲ [오 o]	ヲ		
ウ [우 u]	ウ			ソ [소 so]	ソ		
ワ [와 wa]	ワ			ン [응 N]	ン		

| WEEK 01 |

 ひらがな ❷　히라가나 ❷

1. 탁음(濁音)과 반탁음(半濁音)

が(가) 행
히라가나

26쪽 Track 02-01

が	が	が	が		
[가 ga]					

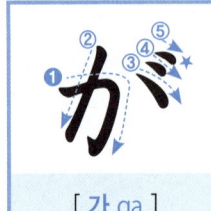

ぎ	ぎ	ぎ		
[기 gi]				

ぐ	ぐ	ぐ		
[구 gu]				

げ	げ	げ		
[게 ge]				

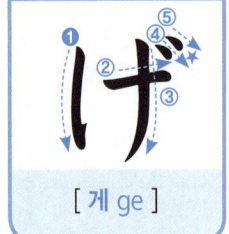

ご	ご	ご		
[고 go]				

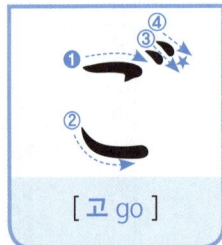

날짜: /

| 26쪽　**Track 02-01**

ガ (가) 행
가타카나

[가 ga]

ガ	ガ	ガ		

[기 gi]

ギ	ギ	ギ		

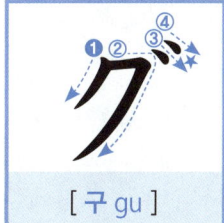
[구 gu]

グ	グ	グ		

[게 ge]

ゲ	ゲ	ゲ		

[고 go]

ゴ	ゴ	ゴ		

| WEEK 01 |

ざ (자) 행
히라가나

[자 za]

ざ	ざ	ざ		

[지 ji]

じ	じ	じ		

[즈 zu]

ず	ず	ず		

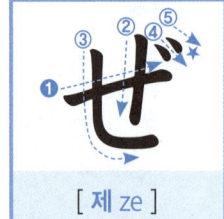
[제 ze]

ぜ	ぜ	ぜ		

[조 zo]

ぞ	ぞ	ぞ		

날짜: /

ザ(자) 행
가타카나

26쪽 Track 02-02

[자 za]

ザ	ザ	ザ		

[지 ji]

ジ	ジ	ジ		

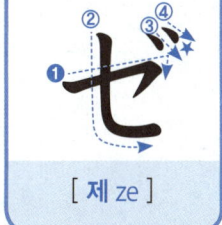
[즈 zu]

ズ	ズ	ズ		

[제 ze]

ゼ	ゼ	ゼ		

[조 zo]

ゾ	ゾ	ゾ		

だ(다)행
히라가나

だ [다 da]	だ	だ	だ		

ぢ [지 ji]	ぢ	ぢ	ぢ		

づ [즈 zu]	づ	づ	づ		

で [데 de]	で	で	で		

ど [도 do]	ど	ど	ど		

날짜: /

ダ(다) 행
가타카나

26쪽 Track 02-03

[다 da]

ダ	ダ	ダ		

[지 ji]

ヂ	ヂ	ヂ		

[즈 zu]

ヅ	ヅ	ヅ		

[데 de]

デ	デ	デ		

[도 do]

ド	ド	ド		

| WEEK 01 | 27

ば(바)행
히라가나

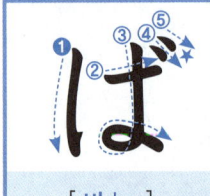
[바 ba]

ば	ば	ば		

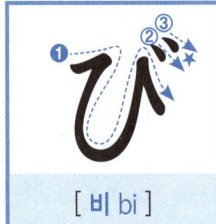
[비 bi]

び	び	び		

[부 bu]

ぶ	ぶ	ぶ		

[베 be]

べ	べ	べ		

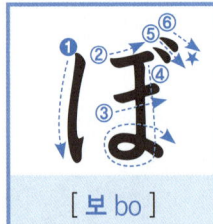
[보 bo]

ぼ	ぼ	ぼ		

バ(바) 행
가타카나

[바 ba]

バ	バ	バ		

[비 bi]

ビ	ビ	ビ		

[부 bu]

ブ	ブ	ブ		

[베 be]

ベ	ベ	ベ		

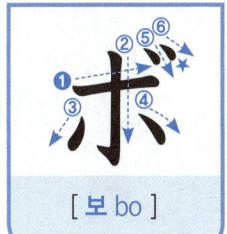
[보 bo]

ボ	ボ	ボ		

ぱ(파) 행
히라가나

| 26쪽 | Track02-05 |

ぱ [파 pa]
ぱ	ぱ	ぱ		

ぴ [피 pi]
ぴ	ぴ	ぴ		

ぷ [푸 pu]
ぷ	ぷ	ぷ		

ぺ [페 pe]
ぺ	ぺ	ぺ		

ぽ [포 po]
ぽ	ぽ	ぽ		

| 26쪽 Track 02-05

パ(파)행
가타카나

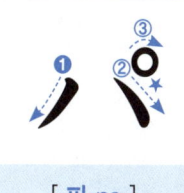

[파 pa]

パ	パ	パ		

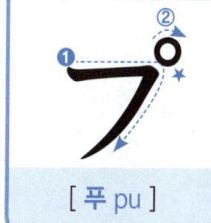
[피 pi]

ピ	ピ	ピ		

[푸 pu]

プ	プ	プ		

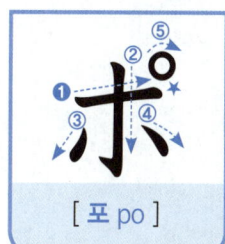
[페 pe]

ペ	ペ	ペ		

[포 po]

ポ	ポ	ポ		

| WEEK 01 |

맛있는 여행 단어

| 27쪽 | Track 02-06

1 おみやげ 여행 선물	おみやげ	
2 ちず 지도	ちず	
3 できたて 갓 나온 것	できたて	
4 でぐち 출구	でぐち	

2 요음(拗音)

きゃ(캬) 행

히라가나	きゃ [캬 kya]	きゅ [큐 kyu]	きょ [쿄 kyo]
	きゃ	きゅ	きょ

가타카나	キャ [캬 kya]	キュ [큐 kyu]	キョ [쿄 kyo]
	キャ	キュ	キョ

ぎゃ(갸) 행

히라가나	ぎゃ [갸 gya]	ぎゅ [규 gyu]	ぎょ [교 gyo]
	ぎゃ	ぎゅ	ぎょ

가타카나	ギャ [갸 gya]	ギュ [규 gyu]	ギョ [교 gyo]
	ギャ	ギュ	ギョ

| WEEK 01 |

| 28쪽 | Track 02-08 |

しゃ(샤) 행

히라가나

しゃ [샤 sha]	しゅ [슈 shu]	しょ [쇼 sho]
しゃ	しゅ	しょ

가타카나

シャ [샤 sha]	シュ [슈 shu]	ショ [쇼 sho]
シャ	シュ	ショ

じゃ(쟈) 행

히라가나

じゃ [쟈 ja]	じゅ [쥬 ju]	じょ [죠 jo]
じゃ	じゅ	じょ

가타카나

ジャ [쟈 ja]	ジュ [쥬 ju]	ジョ [죠 jo]
ジャ	ジュ	ジョ

날짜: /

28쪽 Track 02-09

ちゃ(챠) 행

히라가나	ちゃ [챠 cha]	ちゅ [츄 chu]	ちょ [쵸 cho]
	ちゃ	ちゅ	ちょ

가타카나	チャ [챠 cha]	チュ [츄 chu]	チョ [쵸 cho]
	チャ	チュ	チョ

にゃ(냐) 행

히라가나	にゃ [냐 nya]	にゅ [뉴 nyu]	にょ [뇨 nyo]
	にゃ	にゅ	にょ

가타카나	ニャ [냐 nya]	ニュ [뉴 nyu]	ニョ [뇨 nyo]
	ニャ	ニュ	ニョ

| WEEK 01 |

| 28쪽 | Track 02-10 |

ひゃ(햐) 행

히라가나

ひゃ [햐 hya]	ひゅ [휴 hyu]	ひょ [효 hyo]
ひゃ	ひゅ	ひょ

가타카나

ヒャ [햐 hya]	ヒュ [휴 hyu]	ヒョ [효 hyo]
ヒャ	ヒュ	ヒョ

びゃ(뱌) 행

히라가나

びゃ [뱌 bya]	びゅ [뷰 byu]	びょ [뵤 byo]
びゃ	びゅ	びょ

가타카나

ビャ [뱌 bya]	ビュ [뷰 byu]	ビョ [뵤 byo]
ビャ	ビュ	ビョ

ぴゃ(퍄) 행

히라가나					
ぴゃ [퍄 pya]		ぴゅ [퓨 pyu]		ぴょ [표 pyo]	
ぴゃ		ぴゅ		ぴょ	

가타카나					
ピャ [퍄 pya]		ピュ [퓨 pyu]		ピョ [표 pyo]	
ピャ		ピュ		ピョ	

> **잠깐!** 히라가나, 가타카나 비슷한 모양의 비밀!?
>
> 히라가나, 가타카나는 원래 한자에서 모양을 딴 문자입니다. 특히 히라가나 「へ, リ」와 가타카나 「ヘ, リ」는 모양이 아주 비슷합니다. 이것은 같은 한자에서 만들어졌기 때문인데, 실제로 쓸 때는 히라가나는 부드러운 곡선으로, 가타카나는 뾰족한 선으로 씁니다.

날짜: /

28쪽 Track 02-11

みゃ(먀) 행

히라가나					
みゃ [먀 mya]		**みゅ** [뮤 myu]		**みょ** [묘 myo]	
みゃ		みゅ		みょ	

가타카나					
ミャ [먀 mya]		**ミュ** [뮤 myu]		**ミョ** [묘 myo]	
ミャ		ミュ		ミョ	

りゃ(랴) 행

히라가나					
りゃ [랴 rya]		**りゅ** [류 ryu]		**りょ** [료 ryo]	
りゃ		りゅ		りょ	

가타카나					
リャ [랴 rya]		**リュ** [류 ryu]		**リョ** [료 ryo]	
リャ		リュ		リョ	

맛있는 여행 단어

날짜: /

| 29쪽 | Track 02-12 |

1	しゃしん 사진	しゃしん	
2	じんじゃ 신사	じんじゃ	
3	おちゃ 차	おちゃ	
4	りょこう 여행	りょこう	

| WEEK 01 |

3. 촉음(促音)

단어

1	いっかい 한 번	いっかい	
	こっき 국기	こっき	
2	れっしゃ 열차	れっしゃ	
	きって 우표	きって	
3	いっぱい 가득	いっぱい	
	はっぴゃく 팔백(800)	はっぴゃく	

4 발음(撥音)

단어

1	てんぷら / 튀김	てんぷら
	がんばれ / 힘내	がんばれ
2	かんじ / 한자	かんじ
	せんり / 천 리	せんり
3	かんこくご / 한국어	かんこくご
	にほんご / 일본어	にほんご
4	でんわ / 전화	でんわ
	にほん / 일본	にほん

5 장음(長音)

단어

1	おかあさん 어머니	おかあさん
	おばあさん 할머니	おばあさん
2	いいえ 아니요	いいえ
	おいしい 맛있다	おいしい
3	じゆうじかん 자유시간	じゆうじかん
	すうじ 숫자	すうじ
4	ええと 저어, 음	ええと
	やけい 야경	やけい

5	ひこうき 비행기	ひこうき	
	くうこう 공항	くうこう	
6	とうきょう 도쿄(지명)	とうきょう	
	りょうり 요리	りょうり	
7	ツアー 투어(tour)	ツアー	
	ラーメン 라면(拉面)	ラーメン	

Bonus! 오십음도 히라가나

Track 20-01

히라가나	あ단	い단	う단	え단	お단
あ행	あ [아 a]	い [이 i]	う [우 u]	え [에 e]	お [오 o]
か행	か [카 ka]	き [키 ki]	く [쿠 ku]	け [케 ke]	こ [코 ko]
さ행	さ [사 sa]	し [시 shi]	す [스 su]	せ [세 se]	そ [소 so]
た행	た [타 ta]	ち [치 chi]	つ [츠 tsu]	て [테 te]	と [토 to]
な행	な [나 na]	に [니 ni]	ぬ [누 nu]	ね [네 ne]	の [노 no]
は행	は [하 ha]	ひ [히 hi]	ふ [후 fu]	へ [헤 he]	ほ [호 ho]

	あ단	い단	う단	え단	お단
ま행	ま [마 ma]	み [미 mi]	む [무 mu]	め [메 me]	も [모 mo]
や행	や [야 ya]		ゆ [유 yu]		よ [요 yo]
ら행	ら [라 ra]	り [리 ri]	る [루 ru]	れ [레 re]	ろ [로 ro]
わ행	わ [와 wa]				を [오 o]
ん	ん [응 N]				

Bonus! 오십음도 가타카나

Track 20-01

가타카나	ア단	イ단	ウ단	エ단	オ단
ア행	ア [아 a]	イ [이 i]	ウ [우 u]	エ [에 e]	オ [오 o]
カ행	カ [카 ka]	キ [키 ki]	ク [쿠 ku]	ケ [케 ke]	コ [코 ko]
サ행	サ [사 sa]	シ [시 shi]	ス [스 su]	セ [세 se]	ソ [소 so]
タ행	タ [타 ta]	チ [치 chi]	ツ [츠 tsu]	テ [테 te]	ト [토 to]
ナ행	ナ [나 na]	ニ [니 ni]	ヌ [누 nu]	ネ [네 ne]	ノ [노 no]
ハ행	ハ [하 ha]	ヒ [히 hi]	フ [후 fu]	ヘ [헤 he]	ホ [호 ho]

	ア단	イ단	ウ단	エ단	オ단
マ행	マ [마 ma]	ミ [미 mi]	ム [무 mu]	メ [메 me]	モ [모 mo]
ヤ행	ヤ [야 ya]		ユ [유 yu]		ヨ [요 yo]
ラ행	ラ [라 ra]	リ [리 ri]	ル [루 ru]	レ [레 re]	ロ [로 ro]
ワ행	ワ [와 wa]				ヲ [오 o]
ン	ン [응 N]				

| WEEK 01 | 47

DAY 03　はじめまして。モク・ユビンです。

하지메마시떼　모꾸　유빈　데쓰

처음 뵙겠습니다. 목유빈이에요.

TODAY 핵심 표현 　오늘 배운 내용을 따라 써 보세요.

35쪽　Track 03-02　날짜: 　/

01　モク・ユビンです。
　　　も く　ゆ び ん

목유빈이에요.

→ _____

→ _____

02　韓国の かたですか。
　　　かんこく

한국 분이세요?

→ _____

→ _____

TRY! 한자, 가타카나

にほん	にほん	
日本	日本	
일본		

ちけっと	ちけっと	
チケット	チケット	
(ticket) 티켓		

DAY 04 おすすめの クレープは どれですか。

오스스메노 쿠레-푸와 도레데스까

추천 크레페는 어느 것이에요?

TODAY 핵심 표현 오늘 배운 내용을 따라 써 보세요.

45쪽 Track 04-02

날짜: /

03 おすすめの クレープは どれですか。
추천 크레페는 어느 것이에요?

→ _____

→ _____

04 チョコバナナ、ふたつ ください。
초코바나나, 두 개 주세요.

→ _____

→ _____

TRY! 한자, 가타카나

おなじの	おなじの	
同じの	同じの	
같은것		

くれーぷ	くれーぷ	
クレープ	クレープ	
(crepe) 크레페		

| WEEK 01 | 49

姫路城は 日本で 有名な おしろです。

히메지성은 일본에서 유명한 성이에요.

TODAY 핵심 표현 오늘 배운 내용을 따라 써 보세요.

05 姫路城は 日本で 有名な おしろです。
히메지성은 일본에서 유명한 성이에요.

→

→

06 けしきが とても きれいです。
경치가 아주 예뻐요.

→

→

TRY! 한자, 가타카나

ゆうめいだ	ゆうめいだ	
有名だ	有名だ	
(な형) 유명하다		

こーす	こーす	
コース	コース	
(course) 코스		

 **DAY 07**　ここが 大阪で 一番 おいしい おみせです。
코 꼬 가 오-사까 데 이찌방◆ 오 이 시 - 오 미 세 데 쓰

여기가 오사카에서 가장 맛있는 가게예요.

 **TODAY 핵심 표현**　오늘 배운 내용을 따라 써 보세요.

　73쪽　Track 07-02　날짜:　　/

07　ここが 大阪(おおさか)で 一番(いちばん) おいしい おみせです。
여기가 오사카에서 가장 맛있는 가게예요.

→ _____

→ _____

08　できたてが おいしいです。
갓 나온 것이 맛있어요.

→ _____

→ _____

TRY! 한자, 가타카나

いちばん	いちばん	
一番	一番	
가장, 제일		

こーひー	こーひー	
コーヒー	コーヒー	
(coffee) 커피		

| WEEK 02 |

 DAY 08 　八坂神社に 行きたいんですが。
야 사카진 ◆ 자 니 　이 키 타 인 ◆ 데 쓰 가

야사카신사에 가고 싶은데요.

 TODAY 핵심 표현　오늘 배운 내용을 따라 써 보세요.

 83쪽 Track 08-02 | 날짜: /

09 八坂神社に 行きたいんですが。
　　　や さかじんじゃ　　い
야사카신사에 가고 싶은데요.

→ _____

→ _____

10 一番 近い 駅は どこですか。
　　　いちばん ちか　えき
가장 가까운 역은 어디예요?

→ _____

→ _____

TRY! 한자, 가타카나

ちかい	ちかい	
近い	近い	
(い형) 가깝다		

ほてる	ほてる	
ホテル	ホテル	
(hotel) 호텔		

DAY 09　あ、あそこに しかが たくさん います。
아, 아소꼬니 시카가 타쿠상 이마쓰

아, 저기에 사슴이 많이 있어요.

TODAY 핵심 표현　오늘 배운 내용을 따라 써 보세요.

93쪽　Track 09-02　날짜:　　／

11　3時です。
　　　さんじ
　　　3시예요.

→ _____

→ _____

12　あそこに しかが たくさん います。
　　　저기에 사슴이 많이 있어요.

→ _____

→ _____

TRY! 한자, 가타카나

おかね	おかね	
お金	お金	
돈		

こんびに	こんびに	
コンビニ	コンビニ	
(convenience store) 편의점		

| WEEK 02 | 53

 **DAY 11** 人気の おみせです。ちょっと 待ちますか。

인기 있는 가게예요. 조금 기다리겠어요?

 **TODAY 핵심 표현** 오늘 배운 내용을 따라 써 보세요. |111쪽  Track 11-02 | 날짜: /

13 ちょっと 待ちますか。

조금 기다리겠어요?

→ _____

→ _____

14 お茶を 飲みますか。

차를 마시겠어요?

→ _____

→ _____

TRY! 한자, 가타카나

のる	のる	
乗る	乗る	
(동1) 타다		

たくしー	たくしー	
タクシー	タクシー	
(taxi) 택시		

DAY 12 — でも、じごくむしプリンは 食べます。

하지만, 지옥찜 푸딩은 먹어요.

121쪽 Track 12-02 날짜: /

TODAY 핵심 표현 오늘 배운 내용을 따라 써 보세요.

15 でも、じごくむしプリンは 食べます。
하지만, 지옥찜 푸딩은 먹어요.

→ _____

→ _____

16 じごくめぐりツアーを 予約します。
지옥 순례 투어를 예약할게요.

→ _____

→ _____

TRY!
한자, 가타카나

| よやくする | よやくする | |
| 予約する | 予約する | |

(동3) 예약하다

| つあー | つあー | |
| ツアー | ツアー | |

(tour) 투어

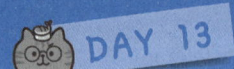 **DAY 13** あしたは 阿蘇(あそ)に 行(い)きませんか。
내일은 아소에 가지 않을래요?

 **TODAY 핵심 표현** 오늘 배운 내용을 따라 써 보세요.

 131쪽 Track 13-02   날짜: /

★ 어려운 한자는 히라가나로 써 보세요.

17 あしたは 阿蘇(あそ)に 行(い)きませんか。
내일은 아소에 가지 않을래요?

→
→

18 阿蘇(あそ)の 草千里(くさせんり)に 行(い)きたいです。
아소의 구사센리에 가고 싶어요.

→
→

TRY! 한자, 가타카나

たべる	たべる	
食べる	食べる	
(동2) 먹다		

らーめん	らーめん	
ラーメン	ラーメン	
(拉面) 라면		

DAY 14 　長崎(ながさき)ちゃんぽんが とても おいしかったです。

나가사키짬뽕이 아주 맛있었어요.

핵심 표현　오늘 배운 내용을 따라 써 보세요.

 141쪽　Track 14-02　날짜: 　/

★ 어려운 한자는 히라가나로 써 보세요.

19　長崎(ながさき)ちゃんぽんが とても おいしかったです。
나가사키짬뽕이 아주 맛있었어요.

→ _____

→ _____

20　カステラ(かすてら)を たくさん 買(か)いました。
카스텔라를 많이 샀어요.

→ _____

→ _____

TRY!
한자, 가타카나

かう 買う	かう 買う	
(동1) 사다		

かすてら カステラ	かすてら カステラ	
(castela) 카스텔라		

| WEEK 03 | 57

 **DAY 16** あそこを 右(みぎ)に 曲(ま)がって まっすぐ 行(い)きます。
저기를 오른쪽으로 돌아서 곧장 가요.

 **TODAY 핵심 표현** 오늘 배운 내용을 따라 써 보세요. |159쪽  Track 16-02 날짜: /

★ 어려운 한자는 히라가나로 써 보세요.

21 あそこを 右(みぎ)に 曲(ま)がって まっすぐ 行(い)きます。
저기를 오른쪽으로 돌아서 곧장 가요.

→

→

22 ここで コーヒー(こ)を 飲(の)んで 行(い)きませんか。
여기에서 커피를 마시고 가지 않을래요?

→

→

TRY! 한자, 가타카나

のむ	のむ	
飲む	飲む	
(동1) 마시다		

こーひー	こーひー	
コーヒー	コーヒー	
(coffee) 커피		

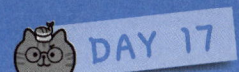
DAY 17　キャンセルして もう一度 おねがいします。
취소하고 다시 한번 부탁해요.

TODAY 핵심 표현　오늘 배운 내용을 따라 써 보세요.　169쪽 Track 17-02　날짜:　/

23 この ボタンを おして とります。
이 버튼을 눌러서 찍어요.

→

→

24 キャンセルして もう 一度 おねがいします。
취소하고 다시 한번 부탁해요.

→

→

TRY! 한자, 가타카나

しゃしん	しゃしん	
写真	写真	
사진		

きゃんせる	きゃんせる	
キャンセル	キャンセル	
(cancel) 취소		

| WEEK 04 | 59

DAY 18 いっしょに 写真を とっても いいですか。
같이 사진을 찍어도 돼요?

TODAY 핵심 표현 오늘 배운 내용을 따라 써 보세요.

179쪽 Track 18-02 날짜: /

25 夜景が きれいで すてきですね。
야경이 예쁘고 멋지네요.

→ _____

→ _____

26 いっしょに 写真を とっても いいですか。
같이 사진을 찍어도 돼요?

→ _____

→ _____

TRY! 한자, 가타카나

やすい	やすい	
安い	安い	
(い형) 싸다		

けーき	けーき	
ケーキ	ケーキ	
(cake) 케이크		

 **DAY 19** ここで チーズケーキを 食べて みたいです。

여기에서 치즈케이크를 먹어 보고 싶어요.

 **TODAY 핵심 표현** 오늘 배운 내용을 따라 써 보세요.  189쪽 Track 19-02 날짜: /

27 ここで チーズケーキを 食べて みたいです。
여기에서 치즈케이크를 먹어 보고 싶어요.

→

→

28 ちょっと 待って ください。
잠시 기다려 주세요.

→

→

TRY! 한자, 가타카나

よぶ	よぶ	
呼ぶ	呼ぶ	
(동1) 부르다		

めんばー	めんばー	
メンバー	メンバー	
(member) 멤버		

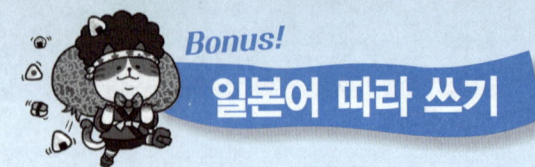

맛있는 일본어 인사 한마디

25쪽 Track 01-11 날짜: /

★ 아침에 만나면
おはようございます。
안녕하세요.

→ _____

★ 낮에 만나면
こんにちは。
안녕하세요.

→ _____

★ 저녁에 만나면
こんばんは。
안녕하세요.

→ _____

★ 처음 만나면
はじめまして。
처음 뵙겠습니다.

→ _____

★ 처음 만나면
よろしく おねがいします。
잘 부탁합니다.

→ _____

맛있는 일본 여행 한마디

★ 고마울 때

ありがとうございます。
감사합니다.

→

★ 사과할 때

すみません。
죄송합니다.

→

★ 주문할 때

これ、ください。
이거, 주세요.

→

★ 음식을 먹을 때

とてもおいしい！
아주 맛있다!

→

맛있는 books

여행과 **음식**을 함께 즐기는

맛있는 일본어

JRC 일본어연구소 저

맛있는 books

초판 1쇄 발행	2018년 4월 15일
초판 8쇄 발행	2025년 1월 10일
기획·저	JRC 일본어연구소
발행인	김효정
발행처	맛있는books
등록번호	제2006-000273호
주소	서울시 서초구 명달로 54 JRC빌딩 7층
전화	구입문의 02·567·3861
	내용문의 02·567·3860
팩스	02·567·2471
홈페이지	www.booksJRC.com
ISBN	979-11-6148-017-6 18730
정가	14,000원

Copyright © 2018 맛있는books

저자와 출판사의 허락 없이 이 책의 일부 또는 전부를 무단 복사·전재·발췌할 수 없습니다.
잘못된 책은 구입처에서 바꿔 드립니다.

「맛있는 일본어 독학 첫걸음」으로 신나는 일본 여행을 떠나 보세요!

일본 영화, 드라마, 소설, 만화, 애니메이션, 음악, 음식, 학업, 비즈니스, 그리고 여행……. 일본어를 배우기 시작하게 된 계기는 아마 여러 가지일 것입니다. 일본어를 배워서 좋은 점은 이런 나의 관심사와 직결된다는 것이지요.

이 책은 '여행×음식×일본어'를 메인 콘셉트로, 호기심을 자극하면서 일본어를 배우는 데 목표를 두고 있습니다. 즉, 단순히 문자, 문법, 회화를 배우는 것이 아니라 '여행 콘텐츠'와 '학습 콘텐츠'를 결합한 신개념 일본어 입문서가 바로 이 책이라고 할 수 있습니다.

이 책에서는 일본 현지 모습을 그대로 그린 삽화와 다양한 사진으로 현장감 넘치는 상황을 직접 보면서 일본어를 배울 수 있습니다. 또 여행에서 바로 쓸 수 있도록 여행에서 많이 쓰는 단어와 표현을 위주로 내용을 구성했습니다.

그리고, 일본 지역과 관광지 소개부터 일본 현지인이 추천하는 음식, 지역 사투리까지 생생한 여행 정보도 함께 소개했습니다. 일본에 처음 가는 사람에게도, 또 가려는 사람에게도 일본 여행이 한층 더 즐거워지도록 만들었습니다.

또 이 책은 일본어 학습 효과를 최대한 끌어낼 수 있도록 연구해서 만들었습니다. 20일 만에 학습을 마치는 데 무리 없는 커리큘럼과 28개의 핵심 표현을 기반으로 기초 문법과 표현을 모두 익힐 수 있습니다.

문법, 표현은 배우자마자 바로 패턴 연습을 통해 쉽게 익힐 수 있고, 새로운 학습에 들어가기 전에 항상 지난 학습 내용을 확인할 수 있어서 차근차근, 하지만 확실하게 일본어 실력을 키울 수 있습니다.

가도 또 가고 싶은 일본 여행, 배워도 더 배우고 싶은 일본어, 『맛있는 일본어 독학 첫걸음』에서 지금 만나 보세요!

JRC 일본어연구소

이 책의 구성

• WEEK 워밍업
매주 테마 여행지가 되는 지역을 먼저 **지도**에서 확인하고, 매일 배울 내용과 여행지를 재미있는 삽화와 함께 확인할 수 있습니다.

• DAY 워밍업
지난 학습을 복습하고, 오늘의 스토리, 학습 포인트, 핵심 표현을 **미리 확인**합니다. 또, 오늘 여행지에 대해 간단히 볼 수 있습니다.

QR코드를 스캔하여 동영상 강의를 들어 보세요.

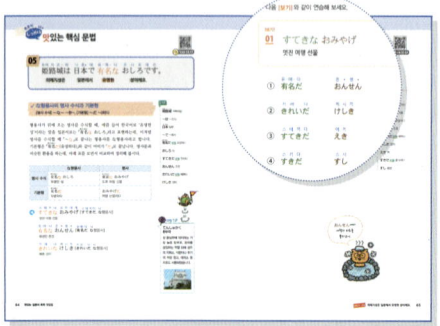

• 맛있는 핵심 문법
핵심 표현에 쓰인 문법, 표현을 자세히 배우고, 그 내용을 **바로 연습**합니다. 일본어 TIP과 여행 TIP도 살펴볼 수 있습니다.

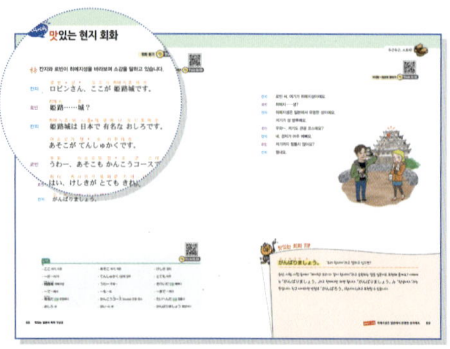

• 맛있는 현지 회화
테마 여행지를 배경으로 배운 문법, 표현을 활용한 생생한 **현지 회화**를 연습합니다. 일본인처럼 말하는 회화 TIP도 살펴볼 수 있습니다.

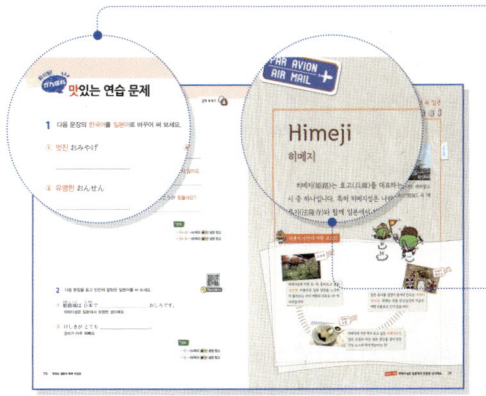

- **맛있는 연습 문제**

  오늘 배운 내용과 핵심 표현을 연습 문제에서 복습할 수 있습니다.

- **지금 떠나는 여행 속 일본**

  테마 여행지 소개와 함께 그 지역만의 관광, 음식, 추천 아이템 등을 맛볼 수 있습니다.

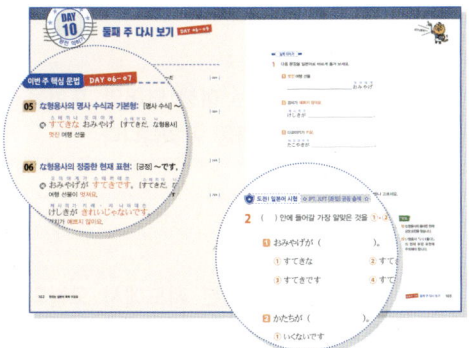

- **WEEK 다시 보기**

  한 주 동안 배운 내용을 한눈에 확인하고 연습 문제를 통해 복습합니다. JLPT, JPT 등 일본어 시험 대비 문제도 풀어 볼 수 있습니다.

- **우리만 알고 있는 여행 이야기**

  그 주의 테마 지역을 중심으로 지역의 특징과 그곳에 가는 이유를 살펴볼 수 있습니다.

- **맛으로 만나 보는 일본**

  현지인이 즐기는 지역 음식과 지역 사투리를 알아볼 수 있습니다.

 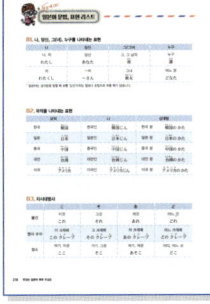

- **권말 부록**

  정답 외에 한눈에 확인할 수 있는 일본어 문법, 표현 리스트와 28개의 핵심 표현 리스트 등 학습을 돕는 자료를 볼 수 있습니다.

특별 부록 구성

쓰기 노트 — 녹음을 들으면서 일본어 문자와 매일 배우는 핵심 표현 등을 직접 써 볼 수 있습니다.

여행 미니북 — 바로 꺼내 쓸 수 있는 여행 단어와 표현을 한·일 동시 녹음으로 들을 수 있습니다.

일본 지도 — 테마 여행지가 실린 일본 지도에서 오늘의 여행지를 미리 알아볼 수 있습니다.

히라가나, 가타카나 오십음도 — 일본어 문자인 히라가나, 가타카나를 표로 보고 반복 연습할 수 있습니다.

무료 MP3 — 한·일 동시 녹음이 되어 있어 간편하게 일본어 발음과 표현, 회화를 연습할 수 있습니다.

* 제시된 QR코드를 스캔하면 mp3 파일을 바로 다운로드할 수 있습니다.

무료 동영상 강의 — 일본어 기본 문자와 핵심 표현을 배우고 오늘의 여행지 정보를 화면에서 만날 수 있습니다.

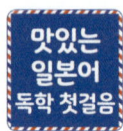

무료 팟캐스트 — 일본인과 한국인이 한국어로 진행하는 신개념 팟캐스트! 오직 여기에서만 들을 수 있습니다.

무료 동영상 강의 보는 방법

방법 ❶
QR코드 리더로 접속

동영상 강의

*QR코드 리더 어플 설치가 필요합니다.

책 속의 QR코드를 스캔해서 동영상 강의를 시청합니다.

방법 ❷
유튜브 홈페이지에 접속

YouTube 에서 **맛있는 일본어 독학 첫걸음** 을 검색하세요!

맛있는 스쿨 채널에서 '맛있는 일본어 독학 첫걸음' 동영상 강의를 볼 수 있습니다.

무료 팟캐스트 방송을 듣는 방법
일본인과 한국인이 함께 진행하는 신개념 팟캐스트 방송~

방법 ❶

안드로이드폰 사용

팟빵 어플이나 팟빵 모바일 사이트(m.podbbang.com)에서 '맛있는 일본어 독학 첫걸음'을 검색하세요.

아이폰 사용

PODCAST 어플에서 '맛있는 일본어 독학 첫걸음'을 검색하세요.

방법 ❷

PC 사용

팟빵(www.podbbang.com)이나 아이튠즈(iTunes) 프로그램에서 '맛있는 일본어 독학 첫걸음'을 검색하세요.

자, 자~ 이 마크에 주목!

차례

머리말 | 03	학습 플래너 | 10
이 책의 구성 | 04	일본, 일본어 Q&A | 12
특별 부록 구성 | 06	일러두기 / MP3 파일 활용법 | 16
무료 동영상 강의를 보는 방법 | 07	캐릭터 및 등장인물 소개 | 17
차례 | 08	

WEEK 01 | 지금 맛있는 **도쿄**를 만나러 가자!

DAY 01　ひらがな ❶　히라가나 ❶　　　　　　　　　　　　　　　\| 20

DAY 02　ひらがな ❷　히라가나 ❷　　　　　　　　　　　　　　　\| 26

DAY 03　はじめまして。モク・ユビンです。　　　　　　　　　\| 34
　　　　　처음 뵙겠습니다. 목유빈이에요.
　　　　　　　　　　　　　　　　　　　　　　　　　◆도쿄, 아사쿠사

DAY 04　おすすめの クレープは どれですか。　　　　　　　　\| 44
　　　　　추천 크레페는 어느 것이에요?
　　　　　　　　　　　　　　　　　　　　　　　　　◆도쿄, 하라주쿠

DAY 05　|완전 익히기| 첫째 주 다시 보기　　　　　　　　　　\| 54

WEEK 02 | 지금 맛있는 **간사이**를 만나러 가자!

DAY 06　姫路城は 日本で 有名な おしろです。　　　　　　　\| 62
　　　　　히메지성은 일본에서 유명한 성이에요.
　　　　　　　　　　　　　　　　　　　　　　　　　◆효고, 히메지

DAY 07　ここが 大阪で 一番 おいしい おみせです。　　　　\| 72
　　　　　여기가 오사카에서 가장 맛있는 가게예요.
　　　　　　　　　　　　　　　　　　　　　　　　◆오사카, 도톤보리

DAY 08　八坂神社に 行きたいんですが。　　　　　　　　　　\| 82
　　　　　야사카신사에 가고 싶은데요.
　　　　　　　　　　　　　　　　　　　　　　　　　◆교토, 기온

DAY 09　あ、あそこに しかが たくさん います。　　　　　　\| 92
　　　　　아, 저기에 사슴이 많이 있어요.
　　　　　　　　　　　　　　　　　　　　　　　　　◆나라, 나라공원

DAY 10　|완전 익히기| 둘째 주 다시 보기　　　　　　　　　　\| 102

WEEK 03 | 지금 맛있는 규슈를 만나러 가자!

DAY 11	人気の おみせです。ちょっと 待ちますか。	110
	인기 있는 가게예요. 조금 기다리겠어요?	◆후쿠오카, 덴진

DAY 12	でも、じごくむしプリンは 食べます。	120
	하지만, 지옥찜 푸딩은 먹어요.	◆오이타, 벳푸

DAY 13	あしたは 阿蘇に 行きませんか。	130
	내일은 아소에 가지 않을래요?	◆구마모토, 아소

DAY 14	長崎ちゃんぽんが とても おいしかったです。	140
	나가사키짬뽕이 아주 맛있었어요.	◆나가사키, 메가네바시

| DAY 15 |완전 익히기| 셋째 주 다시 보기 | 150 |

WEEK 04 | 지금 맛있는 홋카이도를 만나러 가자!

DAY 16	あそこを 右に 曲がって まっすぐ 行きます。	158
	저기를 오른쪽으로 돌아서 곧장 가요.	◆삿포로

DAY 17	キャンセルして もう 一度 おねがいします。	168
	취소하고 다시 한번 부탁해요.	◆비에이

DAY 18	いっしょに 写真を とっても いいですか。	178
	같이 사진을 찍어도 돼요?	◆하코다테

DAY 19	ここで チーズケーキを 食べて みたいです。	188
	여기에서 치즈케이크를 먹어 보고 싶어요.	◆오타루

| DAY 20 |완전 익히기| 넷째 주 다시 보기 | 198 |

권말 부록

연습 문제 정답	206
한눈에 OK! 일본어 문법, 표현 리스트	218
한눈에 OK! 핵심 표현 리스트	238

학습 플래너

WEEK 01

DAY 01	DAY 02	DAY 03	DAY 04	DAY 05
본책 20-25쪽 쓰기 노트 02-21쪽	본책 26-33쪽 쓰기 노트 22-43쪽	본책 34-43쪽 쓰기 노트 48쪽	본책 44-53쪽 쓰기 노트 49쪽	본책 54-59쪽
월 일	월 일	월 일	월 일	월 일
일본어 문자 익히기 • 청음 • 기본 인사말	**일본어 문자 완성하기** • 탁음과 반탁음 • 요음 • 촉음 • 발음 • 장음 • 여행 인사말	**자기소개 하기** 01 명사문(현재) 02 가벼운 명사 연결[조사]	**메뉴 주문하기** 03 지시대명사 04 일본 고유의 숫자 세기	**완전 익히기** DAY 01~DAY 04 복습

WEEK 02

DAY 06	DAY 07	DAY 08	DAY 09	DAY 10
본책 62-71쪽 쓰기 노트 50쪽	본책 72-81쪽 쓰기 노트 51쪽	본책 82-91쪽 쓰기 노트 52쪽	본책 92-101쪽 쓰기 노트 53쪽	본책 102-107쪽
월 일	월 일	월 일	월 일	월 일
현장 소감 말하기 05 な형용사의 명사 수식과 기본형 06 な형용사의 정중한 현재 표현	**음식 소감 말하기** 07 い형용사의 명사 수식과 기본형 08 い형용사의 정중한 현재 표현	**가장 가까운 역 물어보기** 09 목적지를 알리는 표현 10 가장 가까운 장소를 묻는 표현	**시간 물어보기** 11 시간 표현 12 존재를 나타내는 표현	**완전 익히기** DAY 06~DAY 09 복습

20일 만에 완성!

WEEK 03

DAY 11	DAY 12	DAY 13	DAY 14	DAY 15
본책 110-119쪽	본책 120-129쪽	본책 130-139쪽	본책 140-149쪽	본책 150-155쪽
쓰기 노트 54쪽	쓰기 노트 55쪽	쓰기 노트 56쪽	쓰기 노트 57쪽	
월 일	월 일	월 일	월 일	월 일
의향 말하기 ❶	의향 말하기 ❷	권유와 희망 말하기	지난 소감 말하기	완전 익히기
13 동사의 종류 – 1, 2, 3그룹 동사의 기본형	15 2그룹 동사의 ます형과 ～ます	17 동사의 ます형을 활용한 권유 표현	19 な・い형용사의 정중한 과거 표현	DAY 11~DAY 14 복습
14 1그룹 동사의 ます형과 ～ます	16 3그룹 동사의 ます형과 ～ます	18 동사의 ます형을 활용한 희망 표현	20 동사 ～ます의 과거 표현	

WEEK 04

DAY 16	DAY 17	DAY 18	DAY 19	DAY 20
본책 158-167쪽	본책 168-177쪽	본책 178-187쪽	본책 188-197쪽	본책 198-203쪽
쓰기 노트 58쪽	쓰기 노트 59쪽	쓰기 노트 60쪽	쓰기 노트 61쪽	
월 일	월 일	월 일	월 일	월 일
길 안내 받기	부탁하기	허락 받기	시도 표현 말하기	완전 익히기
21 1그룹 동사 ❶의 て형	23 1그룹 동사 ❸의 て형	25 な・い형용사의 て형	27 동사의 て형을 활용한 시도 표현	DAY 16~DAY 19 복습
22 1그룹 동사 ❷의 て형	24 2그룹, 3그룹 동사의 て형	26 동사의 て형을 활용한 허락 표현	28 동사의 て형을 활용한 부탁 표현	

• |한눈에 쏘~옥! **일본, 일본어** Q&A| •

일본, 이것만 알고 가자!

▲ 후지산과 JR 신칸센

면적	37만 8,000㎢
인구	약 1억 2709만 명
수도	도쿄(Tokyo)
언어	일본어
통화	엔(¥, JPY)

Q '일본'은 섬나라라고 하는데 어떤 섬이 있나요?

A 일본은 북쪽에서부터 홋카이도(北海道), 혼슈(本州), 시코쿠(四国), 규슈(九州), 오키나와(沖縄)라는 큰 섬이 있습니다. 일본은 이들 섬을 중심으로 주변에 분포되어 있는 약 6천 개의 섬으로 이루어져 있습니다.

Q '간토(関東)', '간사이(関西)'라는 게 뭐예요?

A 일본의 지역 구분의 하나로, '간토(関東)'는 도쿄를 중심으로 한 주변 지역을 말하고, '간사이(関西)'는 오사카를 중심으로 한 주변 지역을 말합니다. 특히 '간사이'는 '간사이 국제공항'처럼 고유명사로도 쓰이고 있습니다.

Q '도쿄(東京)'와 '도쿄토(東京都)'는 뭐가 달라요?

A '토(都)'는 행정구역 단위 중 하나로, 예를 들면 '서울특별시'의 '특별시'에 해당한다고 할 수 있습니다. 토(都) 외에 도(道), 후(府), 켄(県)이 있는데, 이 책에서는 여행 현장 느낌을 살리기 위해 홋카이도 외에는 지역명에 행정구역 명칭을 붙이지 않았습니다.

일본 여행, 이것만 알고 가자!

피하면 좋을 일본 성수기는?
4/30~5/5(골든 위크)
8/13~8/16(오봉)
12/27~1/5(연말연시)

일본의 대표적인 연휴로, 이 시기에는 비행기와 호텔 가격이 비싸집니다.

장마는 언제부터?
매년 6월 초~7월 말 약 한 달간!

습하고 무더운 일본 장마철! 단, 홋카이도에는 장마가 없습니다.

태풍이 오는 시기는?
여름, 가을에 상륙!
일본 남부는 특히 주의!

큰 태풍이 오면 비행기, 신칸센 등의 운행이 정지됩니다.

여행 비자는?
여행은 무비자로
90일간 체류 가능!

90일 내의 여행은 무비자로 체류할 수 있습니다.

전자 전압은?
한국과 달리 110V 사용
콘센트 변압기는 꼭 챙기자!

휴대전화 충전 등 전자 기기를 사용할 때 필요합니다.

자동차 운전석은 어느 쪽?
운전석은 우측!
자동차는 좌측 통행!

차를 타거나 길을 건널 때 자동차 진행 방향에 주의하세요.

음식을 먹을 때는?
밥그릇이나 국그릇은
손에 들고 먹자!

특히 일본 요리를 먹을 때는 주의해야 합니다.

다다미방에 들어갈 때는?
신발은 벗고 들어가자!

일본 전통 여관에 묵거나 옛 건물을 견학할 때 조심하기 바랍니다.

▲ 일본 전통 건물에서 볼 수 있는 '다다미방'

일본어 문자, 이것만 알고 가자!

간지 (漢字)	히라가나 (ひらがな)	가타카나 (カタカナ)
韓国 캉◆꼬쿠	かんこく 캉◆꼬쿠	カンコク 캉◆꼬쿠

위 표는 '**한국**'이라는 단어를 **일본어 세 가지 문자**로 나타낸 것입니다.

우선 **간지**는 **한자**라는 말로, 일본에서는 한국 한자와 달리 간략하게 만든 **약자**(略字)를 씁니다. '히라가나'는 기본 문자로, 문장을 표기할 때 주로 한자와 히라가나를 섞어서 사용합니다. '가타카나'는 보통 외래어 표기에 쓰이는데 의성어, 의태어나 강조하고 싶은 문구를 표기할 때도 사용합니다.

히라가나와 **가타카나**는 각각 5개의 단과 10개의 행으로 이루어지는데, 이것을 표로 정리한 것을 '**오십음도**(五十音図)'라고 합니다. 현재는 발음이 같아 사용하지 않는 음을 제외한 **46자**가 사용됩니다.

이 책에서는 히라가나를 우선 배우고, 한자와 가타카나는 단어로 배운다고~!

일본어 구조, 이것만 알고 가자!

저	는	한국인	입니다.
わたし 와타시	は 와	韓国人 캉◆꼬쿠진◆	です。 데쓰

위 표의 문장을 살펴보면, 한국어와 일본어의 **어순이 같다**는 것을 알 수 있습니다. 또 조사의 위치도 비슷합니다. '**은/는**'에 해당하는 조사는 위 일본어 문장에서는 「は(와)」가 담당하고 있습니다.

회화에서는 상황에 따라 **주어**나 **조사를 생략**한다는 점도 한국어와 비슷합니다. 예를 들어, 자기소개를 할 때 '저는 한국인입니다.'라고 할 수도 있고, '저는'을 생략하고 그냥 '한국인입니다.'라고 말할 때도 있지요. 일본어도 역시 '저는'에 해당하는 'わたしは(와타시와)'를 생략하고 「韓国人です。(캉◆코꾸진◆데쓰)」라고 해도 통합니다.

일본어 문장에서 쉼표는 「、」를 쓰고, 마침표는 「。」를 쓴다는 것을 기억해 줘~!

일러두기

1. 일본어 발음 학습의 부담을 줄이기 위해 초반에 한글 독음을 달았습니다.
2. 일본을 여행할 때 도움이 되도록 지명은 주로 한자로 표기했습니다.
3. 단어와 한자 학습을 위해 쉬운 한자는 처음부터 제시했습니다.
4. 일본을 여행할 때 도움이 되도록 일본 지역 명칭은 간략한 것으로 표기했습니다. 예) 도쿄도→도쿄
5. 문자 학습의 부담을 줄이기 위해 히라가나에 중점을 두고 학습하되, 가타카나는 단어 단위로 배울 수 있도록 했습니다.
6. 일본어 학습 부담을 줄이기 위해 부분적으로 띄어쓰기를 했습니다.
7. 일본어 박자 감각을 키우기 위해 장음에는 '-', 촉음(っ)과 발음(ん)에는 '◆'를 넣어 눈으로도 쉽게 파악할 수 있도록 했습니다.
8. 일본을 여행할 때 현지인과 바로 말할 수 있도록 일본어 표현, 단어는 정중한 표현을 중심으로 실었습니다.

맛있는 현지 회화 MP3 파일 활용법

회화 듣기
보통 속도로 일본어 듣기

직접 따라 말하기
(한 문장씩) 일본어 듣기 → 따라 말해 보는 시간

우리말→일본어 말하기
(한 문장씩) 우리말 해석 듣기→ 일본어로 말해 보는 시간
→ 일본어 듣기 → 따라 말해 보는 시간

★ **MP3 파일 무료 다운로드**
맛있는북스 홈페이지(www.booksJRC.com)에서 무료로 다운로드 할 수 있습니다.

기호 설명

◆	한 박자 주고 읽기
―	한 박자 길게 읽기
나형	な(나) 형용사
い형	い(이) 형용사
동1	1그룹 동사
동2	2그룹 동사
동3	3그룹 동사

일본어 공부나 여행에 100% 도움이 되도록 이렇게 만들었다고~!

캐릭터 소개

아프로냥 アフロにゃん
일본 고양이, ♂, 5세

일본 전국을 다니면서 맛있는 음식을 찾고 있다. 인생의 행복이란 먹는 것과 자는 것! 에비냥과는 환상의 짝꿍이다.

에비냥 えびにゃん
일본 고양이, ♂, 5세

아프로냥과 함께 일본 전국을 다니면서 맛있는 음식을 찾고 있다. 특기는 초밥 만들기! 일본 만화를 좋아한다.

등장인물 소개

일본에 유학한 지 얼마 안 됐다. 나미와는 대학 연합 동아리인 '맛있는 여행단'에서 처음으로 만나게 된다.

대학 연합 동아리 '맛있는 여행단' 단원이며 취미는 맛있는 음식점 찾기이다.

일본 회사에 근무하고 있다. 칸지와는 회사 동아리 '전국 맛 기행'에서 만나게 된다. 호기심이 많고 먹는 것을 좋아한다.

로빈이 다니는 일본 회사에서 근무하고 있다. 취미는 요리하기. 직장인 여행 동아리 '전국 맛 기행'의 일원이다.

목유빈
モク・ユビン
한국인, 대학생, 남자, 20세

우미노 나미
海野なみ
일본인, 대학생, 여자, 20세

로빈 니콜스
ロビン・ニコルズ
미국인, 직장인, 여자, 27세

오이시 칸지
大石寬治
일본인, 직장인, 남자, 30세

WEEK 01
DAY 01-05

지금 맛있는 도쿄를 만나러 가자.

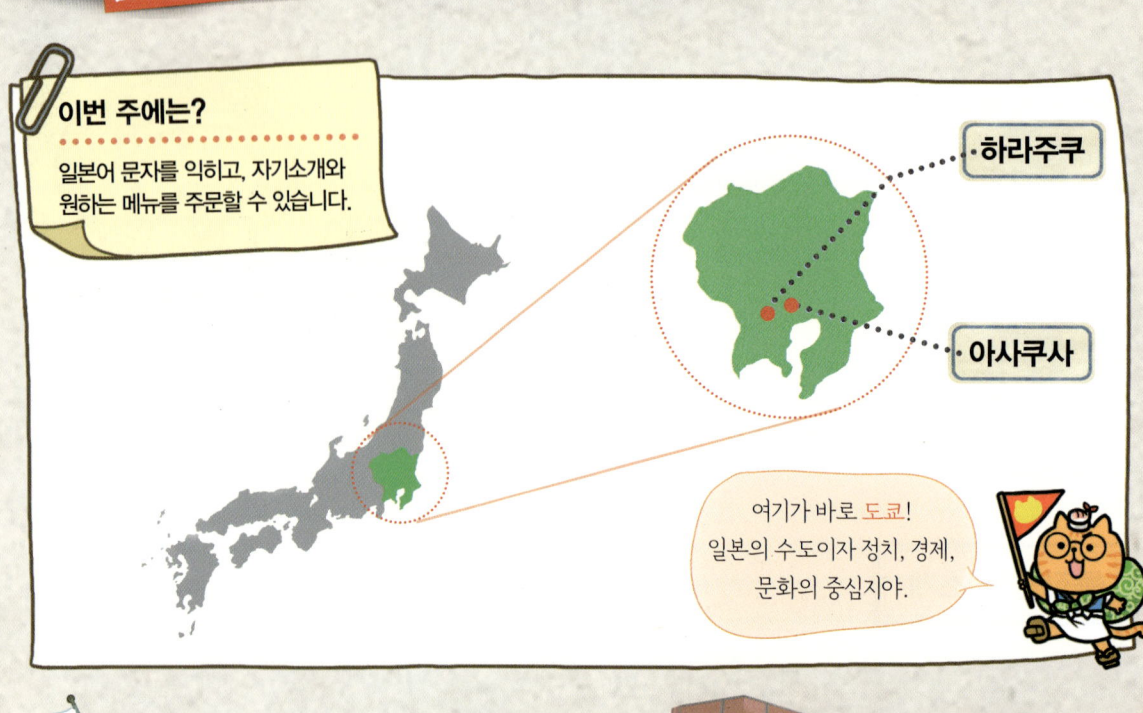

이번 주에는?
일본어 문자를 익히고, 자기소개와 원하는 메뉴를 주문할 수 있습니다.

• 하라주쿠
• 아사쿠사

여기가 바로 도쿄! 일본의 수도이자 정치, 경제, 문화의 중심지야.

DAY 01 기본 인사말
일본어 기본 문자인 히라가나부터 시작해 보자.

DAY 02 여행 인사말
일본어 문자와 발음 학습을 마무리해 보자.

일본어 문자 익히기
ひらがな ① 히라가나

1 청음(清音)

Track 01-01

🚩 **あ(아) 행**

글자 TIP 「う」는 다른 글자보다 폭을 좁고 날씬하게 쓰세요.

발음 TIP 「う」「お」는 한국어의 '우, 오'보다 입술을 앞으로 오므려 내밀지 않고 힘을 빼고 발음해 보세요.

あ ア [아 a]	い イ [이 i]	う ウ [우 u]	え エ [에 e]	お オ [오 o]
아 あ 아!	아 이 あい 사랑	우 에 うえ 위	이 에 いえ 집	아 오 あお 파랑

Track 01-02

🚩 **か(카) 행**

글자 TIP 「き」는 「き」부분의 끝을 살짝 위로 올려서 쓰세요.

발음 TIP 「く」「こ」는 입술을 앞으로 살짝 내밀고 힘을 빼고 발음해 보세요.

か カ [카 ka]	き キ [키 ki]	く ク [쿠 ku]	け ケ [케 ke]	こ コ [코 ko]
이 까 いか 오징어	에 끼 えき 역	키 꾸 きく 국화	이 케 いけ 연못	코 이 こい 잉어

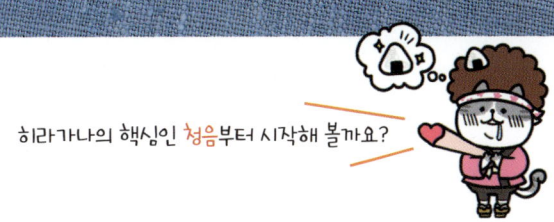

히라가나의 핵심인 청음부터 시작해 볼까요?

さ(사) 행

글자 TIP 「す」의 「す」부분은 첫 획의 중앙을 통과하는 느낌으로 쓰세요.

발음 TIP 「す」,「そ」도 입술을 앞으로 살짝 내밀고 힘을 빼고 발음해 보세요.

Track 01-03

さ サ	し シ	す ス	せ セ	そ ソ
[사 sa]	[시 shi]	[스 su]	[세 se]	[소 so]

아 사	케 시 끼	스 시	아 세	우 소
あさ	けしき	すし	あせ	うそ
아침	경치	초밥	땀	거짓말

た(타) 행

글자 TIP 「つ」는 타원을 그리듯 약간 납작하게 쓰되 끝부분이 글자의 중앙을 넘지 않도록 짧게 쓰세요.

발음 TIP 「つ」는 혀끝을 윗잇몸 뒤에 붙이면서 발음합니다. '츄'로 발음되지 않도록 조심하세요.

Track 01-04

た タ	ち チ	つ ツ	て テ	と ト
[타 ta]	[치 chi]	[츠 tsu]	[테 te]	[토 to]

타 꼬	카 따 찌	오 사 쯔	테	소 또
たこ	かたち	おさつ	て	そと
문어	모양	지폐	손	바깥

DAY 01 일본어 문자 익히기

 **な(나) 행**

글자 TIP 「な」「ぬ」「ね」의 끝부분은 작은 타원을 그리듯 쓰세요.

발음 TIP 「ぬ」「の」는 입술을 살짝 내밀고 힘을 빼고 발음해 보세요.

な ナ	に ニ	ぬ ヌ	ね ネ	の ノ
[나 na]	[니 ni]	[누 nu]	[네 ne]	[노 no]

나 까	니꾸	이 누	네 꼬	키 노 꼬
な**か**	に**く**	い**ぬ**	**ね**こ	**きのこ**
안	고기	개	고양이	버섯

 **は(하) 행**

글자 TIP 「ほ」는 「は」와 같이 머리 부분이 튀어나오지 않도록 조심해서 쓰세요.

발음 TIP 「ふ」「ほ」는 입술을 살짝 내밀고 힘을 빼고 발음해 보세요.

 **(마) 행**

글자 TIP 「む」를 쓸 때에는 마지막 점을 잊지 마세요. 「め」는 모양이 비슷한 「ぬ(누)」와 헷갈리지 않도록 주의하세요.

발음 TIP 「む」, 「も」는 입술을 살짝 내밀고 힘을 빼고 발음해 보세요.

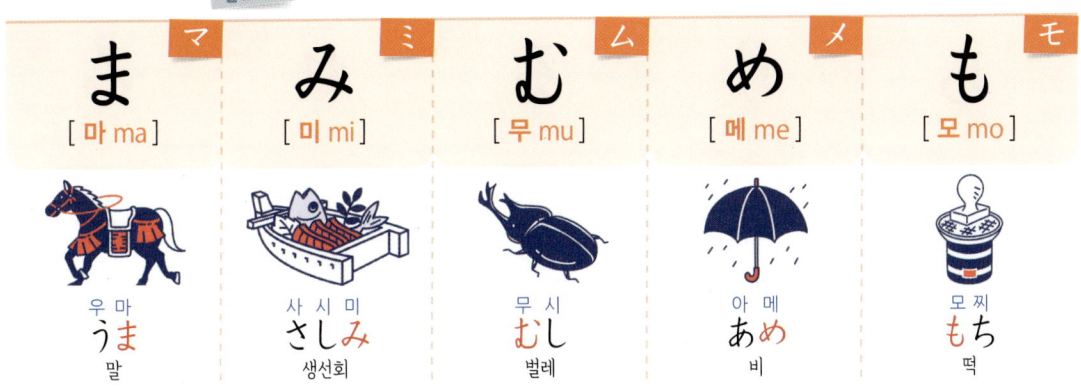

| ま ﾏ [마 ma] | み ﾐ [미 mi] | む ﾑ [무 mu] | め ﾒ [메 me] | も ﾓ [모 mo] |

우 마 / うま / 말
사 시 미 / さしみ / 생선회
무 시 / むし / 벌레
아 메 / あめ / 비
모 찌 / もち / 떡

 **(야) 행**

글자 TIP 「ゆ」의 「ゆ」 부분은 밑으로 살짝 흘리듯 쓰세요.

발음 TIP 「ゆ」, 「よ」는 입술을 살짝 내밀고 힘을 빼고 발음해 보세요.

| や ﾔ [야 ya] | ゆ ﾕ [유 yu] | よ ﾖ [요 yo] |

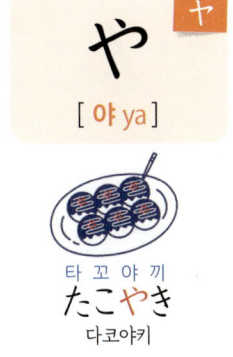

타 꼬 야 끼
たこやき
다코야키

유 끼
ゆき
눈(snow)

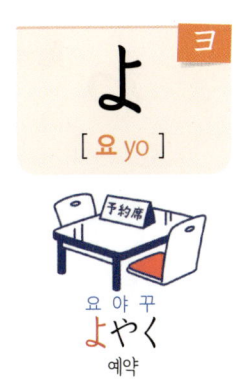

요 야 꾸
よやく
예약

DAY 01 일본어 문자 익히기　23

 **ら(라) 행**

Track 01-09

글자 TIP 「り」는 전체 모양이 길쭉한 느낌으로 쓰되, 첫 획이 둘째 획보다 짧다는 것에 주의하여 쓰세요. 「い(이)」와 모양이 비슷하므로 주의하세요.

발음 TIP 「る」, 「ろ」는 입술을 살짝 내밀고 힘을 빼고 발음해 보세요.

ら ラ [라 ra]	り リ [리 ri]	る ル [루 ru]	れ レ [레 re]	ろ ロ [로 ro]

소 라 そら 하늘	쿠 모 리 くもり 날씨가 흐림	요 루 よる 밤(night)	하 레 はれ 날씨가 좋음	오 시 로 おしろ 성

 **わ(와) 행
ん(응)**

Track 01-10

글자 TIP 「を」의 「を」 부분은 길이를 짧게 쓰세요.

발음 TIP 「を」는 「お(오)」와 발음이 같습니다. 「ん」은 한국어의 받침과 같은 역할을 합니다. 여기에서는 편의상 [응]으로 표시하였습니다.

わ ワ [와 wa]	を ヲ [오 o]		ん ン [응 N]

와 따 시 わたし 나, 저	타 꼬야 끼 오 타 베 루 たこやきをたべる 다코야키를 먹다		니 홍 にほん 일본

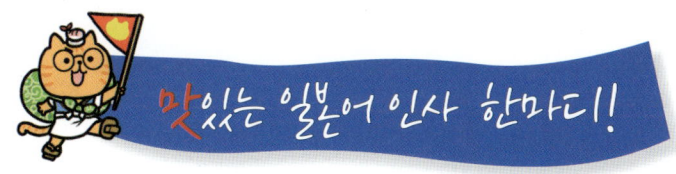

DAY 02 일본어 문자 완성하기
ひらがな ❷ 히라가나

1. 탁음(濁音)과 반탁음(半濁音)

Track 02-01~05

탁음

	아단	이단	우단	에단	오단
が (가) 행	が ガ [가 ga]	ぎ ギ [기 gi]	ぐ グ [구 gu]	げ ゲ [게 ge]	ご ゴ [고 go]
ざ (자) 행	ざ ザ [자 za]	じ ジ [지 ji]	ず ズ [즈 zu]	ぜ ゼ [제 ze]	ぞ ゾ [조 zo]
だ (다) 행	だ ダ [다 da]	ぢ ヂ [지 ji]	づ ヅ [즈 zu]	で デ [데 de]	ど ド [도 do]
ば (바) 행	ば バ [바 ba]	び ビ [비 bi]	ぶ ブ [부 bu]	べ ベ [베 be]	ぼ ボ [보 bo]

반탁음

	아단	이단	우단	에단	오단
ぱ (파) 행	ぱ パ [파 pa]	ぴ ピ [피 pi]	ぷ プ [푸 pu]	ぺ ペ [페 pe]	ぽ ポ [포 po]

히라가나의 발음을 좀 더 배워볼까요?

글자 TIP 탁음은「か・さ・た・は」행 글자의 오른쪽 위에 탁점(˝)을 찍고, 반탁음은「は」행 글자의 오른쪽 위에 동그라미 모양의 반탁점(°)을 찍으세요.

발음 TIP 왼쪽의 탁음 표에서 파랑색으로 표시한「ざ」,「ず」,「ぜ」,「ぞ」와「づ」는 한글로 표기하면 편의상 [자], [즈], [제], [조]로 나타낼 수 있는데, 여기서 [ㅈ]의 발음은 [j]가 아니라 [z]이므로 각각 [ja], [ju], [je], [jo]가 되지 않도록 [z]를 의식하면서 발음해 보세요.

맛있는 여행 단어

Track 02-06

	오미야게		
1	おみやげ	여행 선물	

	치 즈		
2	ちず	지도	

	데끼타떼		
3	できたて	갓 나온 것	

	데 구 찌		
4	でぐち	출구	

2 요음(拗音)

| 야단 | 유단 | 요단 | | 야단 | 유단 | 요단 |

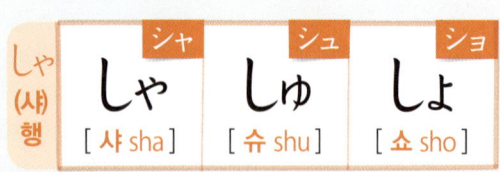
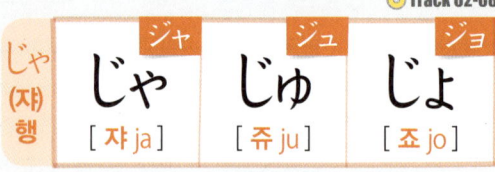
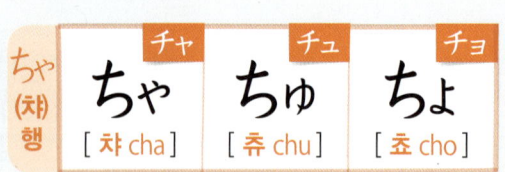
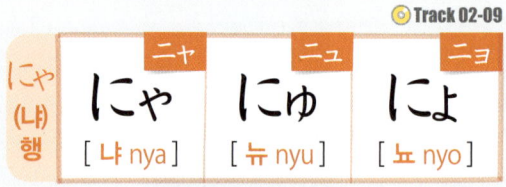

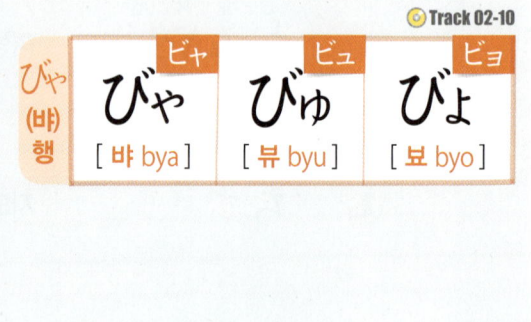

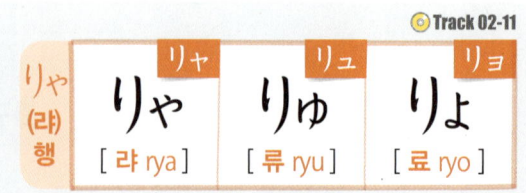

글자 TIP 요음은 「き・ぎ・し・じ・ち・に・ひ・び・ぴ・み・り」의 오른쪽 옆에 「や・ゆ・よ」를 작게 붙여 「きゃ・きゅ・きょ」와 같이 씁니다.

발음 TIP 요음은 두 글자로 구성되지만, 발음할 때에는 한 박자로 발음합니다.

맛있는 여행 단어

Track 02-12

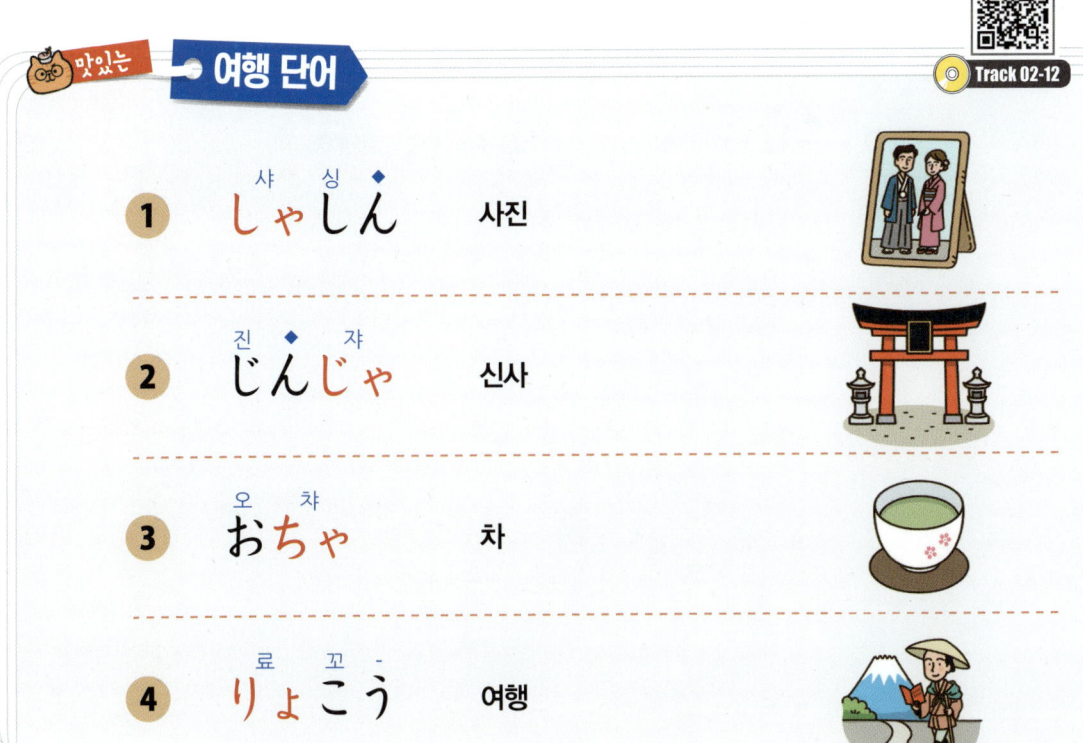

1. しゃしん (샤싱) — 사진
2. じんじゃ (진・쟈) — 신사
3. おちゃ (오 챠) — 차
4. りょこう (료 꼬-) — 여행

DAY 02 일본어 문자 완성하기

 촉음(促音)

글자 TIP 촉음은 「つ」를 「っ」와 같이 작게 씁니다.

발음 TIP 촉음은 뒤에 오는 글자에 따라 소리가 달라집니다. 촉음은 한국어의 받침과 같은 역할을 하는데, 한국어와 다른 점은 「っ」도 한 박자로 발음해야 한다는 것입니다. 예를 들어 「こっき(국기)」는 「콕끼」라고 두 박자로 발음하는 것이 아니라 「콕·끼」로 세 박자로 발음합니다.

1 っ + か행 ➡ ㄱ받침으로 발음합니다.

예) いっかい 한 번 (익·까이)   こっき 국기 (콕·끼)

2 っ + さ, た행 ➡ ㅅ받침으로 발음합니다.

예) れっしゃ 열차 (렛·샤)   きって 우표 (킷·떼)

3 っ + ぱ행 ➡ ㅂ받침으로 발음합니다.

예) いっぱい 가득 (입·빠이)   はっぴゃく 팔백(800) (합·빠꾸)

4 발음(撥音)
はつおん

Track 02-14

글자 TIP 발음은 「ん」으로 표기합니다.

발음 TIP 발음 「ん」도 뒤에 오는 글자에 따라 소리가 달라집니다. 한국어의 받침과 같은 역할을 하는데, 한국어와 다른 점은 「ん」도 한 박자로 발음해야 한다는 것입니다. 예를 들어 「かんじ(한자)」는 「칸지」로 두 박자가 아니라 「칸•지」로 세 박자로 발음합니다.

1 ん + ま행, ば행, ぱ행 ➡ ㅁ받침으로 발음합니다.

예
- てんぷら 튀김 (템•뿌라)
- がんばれ 힘내 (감•바레)

2 ん + さ행, ざ행, た행, だ행, な행, ら행 ➡ ㄴ받침으로 발음합니다.

예
- かんじ 한자 (칸•지)
- せんり 천리 (센•리)

3 ん + か행, が행 ➡ ㅇ받침으로 발음합니다.

예
- かんこくご 한국어 (캉•코꾸고)
- にほんご 일본어 (니홍•고)

4 ん + あ행, は행, や행, わ행, 문장 끝에 올 때
➡ ㄴ과 ㅇ의 중간 음과 비슷하게 발음합니다.

예
- でんわ 전화 (뎅•와)
- にほん 일본 (니홍•)

5 장음(長音)

Track 02-15

글자 TIP 가타카나의 장음은 「ー」로 표기합니다.

발음 TIP 장음은 같은 모음이 중복되어 나오는 경우로, 앞의 글자를 두 박자로 길게 늘여 발음합니다. 예를 들어 「いいえ(아뇨)」는 「い·い·え」와 같이 한 글자씩 정확하게 발음하는 것이 아니라 「い〜え」와 같이 길게 늘여 발음합니다.

1 あ단의 글자 + あ ➡ あ단의 글자를 **길게** 발음합니다.
- 오카-상 おかあさん 어머니
- 오바-상 おばあさん 할머니

2 い단의 글자 + い ➡ い단의 글자를 **길게** 발음합니다.
- 이-에 いいえ 아니요
- 오이시- おいしい 맛있다

3 う단의 글자 + う ➡ う단의 글자를 **길게** 발음합니다.
- 지유-지깡 じゅうじかん 자유 시간
- 스-지 すうじ 숫자

4 え단의 글자 + い, え ➡ え단의 글자를 **길게** 발음합니다.
- 에-또 ええと 저어, 음
- 야케- やけい 야경

5 お단의 글자 + う, お ➡ お단의 글자를 **길게** 발음합니다.
- 히꼬-끼 ひこうき 비행기
- 쿠-꼬- くうこう 공항

6 요음 + う ➡ 요음을 **길게** 발음합니다.
- 토-쿄- とうきょう 도쿄(지명)
- 료-리 りょうり 요리

7 가타카나 + ー ➡ ー의 앞 글자를 **길게** 발음합니다.
- 쯔아- ツアー 투어(tour)
- 라-멩 ラーメン 라면(拉面)

자기소개 하기

はじめまして。モク・ユビンです。
하지메마시떼。　　モク　ユビン・데쓰

처음 뵙겠습니다. 목유빈이에요.

지난 학습 다시 보기

히라가나①

- 청음　あ행, か행, さ행, た행, な행, は행, ま행, や행, ら행, わ행・ん
  　　　　아　　카　　사　　타　　나　　하　　마　　야　　라　　와　　응

  「つ」의 발음이 '쯔'가 되지 않도록 조심하세요.

히라가나②

- 탁음, 반탁음, 요음, 촉음, 발음, 장음

  「ざ」, 「ず」, 「ぜ」, 「ぞ」와 「づ」는 한국어에 없는 발음이니 조심하세요.

  길게 발음합니다. 짧게 발음하면 뜻이 달라지니까 조심하세요.

 Track 03-01

TODAY 스토리 회화
유빈과 나미가 도쿄, 아사쿠사에서 열린 여행 동아리 모임에서 만났습니다.
오늘의 스토리 회화를 먼저 한국어로 들어볼까요?

TODAY 학습 포인트
★ 명사문을 익히고 한국어에는 없는 명사 연결을 배웁니다.

오늘의 여행지는?

오늘의 여행지인 도쿄, **아사쿠사**는 도쿄에서 일본의 옛 문화와 정취를 엿볼 수 있는 대표적인 관광지로, 절이나 신사뿐만 아니라 **일본 전통 음식**도 함께 즐길 수 있는 곳입니다.

저기가 아사쿠사구나!

TODAY 핵심 표현

01 モク・ユビンです。
모꾸 유빈・데쓰
목유빈　　이에요.

02 韓国の かたですか。
캉・코꾸노 카타데쓰까
한국　　분이세요?

DAY 03 처음 뵙겠습니다. 목유빈이에요.   35

맛있는 핵심 문법

01 モク・ユビンです。
　　　모꾸　유빈・데쓰
　　　목유빈　　　이에요.

✓ 명사문(현재)
[긍정] ~です ~입니다, [부정] ~じゃないです ~이/가 아닙니다

명사문에서, 정중한 긍정 표현은 명사 뒤에 「です」를 붙이고, 정중한 부정 표현은 명사 뒤에 「じゃないです」를 붙입니다. 질문할 때에는 문장 끝에 「か」를 붙이면 바로 의문문이 됩니다. 기본형은 명사 뒤에 「だ」를 붙이면 됩니다.

단어
おみやげ 여행 선물
はい 네, 예
いいえ 아니요

　　오 미 야 게 데 쓰 까
　　おみやげですか。 [의문]
　　여행 선물이에요?

　　　하 이　　오 미 야 게 데 쓰
　－はい、おみやげです。 [긍정]
　　네, 여행 선물이에요.

　　　이 - 에　　오미야게 쟈 나 이 데 쓰
　－いいえ、おみやげじゃないです。 [부정]
　　아니요, 여행 선물이 아니에요.

여행 TIP
おみやげ
여행 선물

일본에는 각 지역마다 그 고장의 특색을 살려 만든 특산물과 기념품이 많아 지인들에게 줄 선물 고민을 덜어줍니다.

 **일본어 SPICE**

'네(예)'와 '아니요'를 나타내는 표현

질문을 받았을 때, '네'라고 말하고 싶을 때 또는 아니라고 말하고 싶을 때 어떻게 대답하면 좋을까요? 일본어로 '네(예)'는 「はい」라고 말합니다. 반대로 '아니요'는 「いいえ」라고 말합니다. 특히 「いいえ」는 [이-에]처럼 [이] 부분을 길게 발음해야 한다는 점에 주의합시다.

네, 예	아니요
하 이 はい	이 - 에 いいえ

▶ 다음 |보기|와 같이 연습해 보세요.

|보기| 01	하 이　오 미 야 게 데 쓰 **はい、おみやげです。** 네, 여행 선물이에요.

① 사 시 미
さしみ

② 니 꾸
にく

③ 오 하 시
おはし

단어
はい 네, 예
おみやげ 여행 선물
さしみ 생선회
にく 고기
おはし 젓가락

|보기| 02	이 - 에　오 미 야 게　쟈　나 이 데 쓰 **いいえ、おみやげじゃないです。** 아니요, 여행 선물이 아니에요.

① 스 시
すし

② 타 꼬
たこ

③ 케 치
けち

단어
いいえ 아니요
おみやげ 여행 선물
すし 초밥
たこ 문어
けち 구두쇠

DAY 03 처음 뵙겠습니다. 목유빈이에요.

02

캉・코꾸노 카타데쓰까
韓国の かたですか。
한국   분이세요?

Track 03-05

✓ 가벼운 명사 연결[조사]
~の ~의

「AのB」형태로 쓰이며, 「Aの(かんこくの=한국)」 부분은 「B(かた=분)」를 설명하는 역할을 하는데, 이때의 「の」는 한국어로 옮길 때 번역하지 않는 경우가 많습니다. 「かた」는 '사람'을 높여 부르는 말로 '~분'으로 해석하고, 「ですか」는 '~(이)세요?'로 해석합니다.

단어

韓国 한국
~かた ~분
あさくさ 아사쿠사(지명)
日本 일본
いか 오징어
すし 초밥

예
아 사 쿠 사 노 오 미 야 게
あさくさの おみやげ
아사쿠사 여행 선물

니 혼・노   카 타 데 쓰 까
日本の かたですか。
일본 분이세요?

이 까 노   스 시 쟈 나 이 데 쓰
いかの すしじゃないです。
오징어초밥이 아니에요.

일본어 TIP

반대로 한국어를 일본어로 옮길 때에는 명사 연결 시 반드시 「の」를 넣어야 한다는 것을 잊지 마세요.

일본어 SPICE

나와 상대방의 국적을 나타내는 표현

간혹 일본 비행기 안이나 호텔, 식당 등에서 '국적'을 물어보는 경우가 있습니다. 관련 표현을 정리해 볼까요?

국적		나		상대방	
한국	캉・코꾸 韓国	한국인	캉・코꾸 징・ 韓国じん	한국 분	캉・코꾸노 카타 韓国の かた
일본	니혼・ 日本	일본인	니혼・징・ 日本じん	일본 분	니혼・노 카타 日本の かた
중국	츄-고꾸 中国	중국인	츄-고꾸 징・ 中国じん	중국 분	츄-고꾸노 카타 中国の かた

차근차근, 일본어

▶ 다음 |보기|와 같이 연습해 보세요.

| 보기 03 | 아 사 쿠 사 노 오 미 야 게 데 쓰
あさくさの おみやげです。
아사쿠사 여행 선물이에요. |

① 이 까
いか   사 시 미
さしみ

② 니 홍
日本   카 타
かた

③ 타 꼬
たこ   스 시
すし

④ 히 꼬 - 끼
ひこうき   치 켓 또
チケット

단어
- あさくさ 아사쿠사(지명)
- おみやげ 여행 선물
- いか 오징어
- さしみ 생선회
- 日本(にほん) 일본
- ~かた ~분
- たこ 문어
- すし 초밥
- ひこうき 비행기
- チケット(ちけっと) (ticket) 티켓

DAY 03 처음 뵙겠습니다. 목유빈이에요.

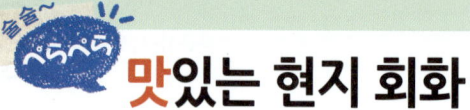 **맛있는 현지 회화**

 회화 듣기 Track 03-07    직접 따라 말하기 Track 03-09

☀ 유빈이 처음으로 대학 동아리 모임에 나갑니다.

유빈 はじめまして。モク・ユビンです。
〈하지메마시떼 모꾸・유빈・데쓰〉

나미 ええと、モクさん、モクさん……
〈에-또 모꾸상・ 모꾸상・〉

— 나미가 참가자 명단을 확인한다. —

あ、韓国の かたですか。
〈아 캉・코꾸노 카타데쓰까〉

유빈 はい。そうです。
〈하이 소-데쓰〉

나미 江戸大の 海野なみです。よろしく おねがいします。
〈에도다이노 우미노 나미데스 요로시꾸 오네가이시마쓰〉

유빈 こちらこそ よろしく おねがいします。
〈코찌라코소 요로시꾸 오네가이시마쓰〉

 Track 03-08

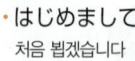 단어

- **はじめまして** 처음 뵙겠습니다
- **ええと** 저어, 음
- **~さん** ~씨
- **あ** 아

- **韓国** 한국
- **~かた** ~분
- **はい** 네, 예
- **そうです** 맞아요, 그래요

- **江戸大** 에도대(학)
- **よろしく おねがいします** 잘 부탁합니다
- **こちらこそ** 이쪽이야말로, 저야말로

두근두근, 스토리!

우리말→일본어 말하기 Track 03-10

유빈	처음 뵙겠습니다. 목유빈이에요.
나미	음, 목 씨, 목 씨……

– 나미가 참가자 명단을 확인한다. –

아, 한국 분이세요?

유빈	네. 맞아요.
나미	에도대학의 우미노 나미예요. 잘 부탁합니다.
유빈	저야말로 잘 부탁합니다.

맛있는 회화 TIP

そうです。 （소・데스） '맞다', '아니다'를 정확하게 표현하라!!

"한국 분이세요?"라는 상대방 질문에 맞으면 「そうです。(맞아요.)」라고 대답하면 되는데, "일본 분이세요?"라는 질문에는 어떻게 대답해야 할까요? 그럴 때에는 「いいえ、ちがいます。(아뇨, 아닙니다.)」라고 하거나 「いいえ、韓国人（かんこくじん）です。(아니요, 한국인이에요.)」라고 말하면 됩니다.

DAY 03 처음 뵙겠습니다. 목유빈이에요.

맛있는 연습 문제

실력 쑥쑥!!

1 다음 문장을 부정 표현으로 바꾸어 써 보세요.

오 미 야 게 데 쓰
① おみやげです。
_____

니 꾸 데 쓰
② にくです。
_____

타 꼬 데 쓰
③ たこです。
_____

니 혼 노 카 타 데 쓰
④ 日本の かたです。
_____

이 까 노 스 시 데 쓰
⑤ いかの すしです。
_____

히 꼬 - 끼 노 치 켓 또 데 쓰
⑥ ひこうきの チケットです。
_____

힌트
- 명사문의 부정 표현 : です → じゃないです

2 다음 문장을 듣고 빈칸에 알맞은 일본어를 써 보세요.

모 꾸 유 빈
① モク・ユビン _____。
목유빈이에요.

카 타 데 쓰 까
② _____ かたですか。
한국 분이세요?

힌트
- ① → 36쪽의 01 번 설명 참고
- ② → 38쪽의 02 번 설명 참고

Track 03-11

지금 떠나는 여행 속 일본
Tokyo

Asakusa
아사쿠사

　아사쿠사(浅草)는 센소지(浅草寺)라는 절과 경내에 이르기까지 펼쳐진 나카미세도리(仲見世通り)라는 상점가를 중심으로 한 지역을 말합니다. 아사쿠사는 17세기 에도 시대부터 상업이 발달한 번화가로 일본의 전통 예능을 지원하고 계승시켜 온 곳이기도 합니다. 서민 문화의 독특한 풍경과 정취가 지금까지 남아 있어서 도쿄 도심 속에서 일본의 옛 문화를 즐길 수 있는 곳으로 인기가 높습니다.

아사쿠사, 나만의 여행 코스!!

나카미세

아사쿠사에서 여행 선물이나 길거리 간식을 사려면 역시 나카미세도리! 맛있는 먹거리와 여러 가지 볼거리로 일본의 정취를 한껏 즐길 수 있습니다!

수상 버스

색다른 일본 관광을 원한다면 수상 버스는 어떨까요? 배를 타고 아사쿠사 주변을 달리면서 스카이트리를 바라보는 기분이란!

닌교야키

아사쿠사 여행 선물이라면 닌교야키! 일본인이라면 모르는 사람이 없을 정도로 유명한 과자입니다. 겉은 바삭하고 안에는 달콤한 팥소가 가득합니다!

DAY 04 메뉴 주문하기

오스스메노 쿠레-푸와 도레데쓰까
おすすめの クレープは どれですか。
추천 크레페는 어느 것이에요?

지난 학습 다시 보기

명사문(현재)

◆ 모꾸 유빈 · 데쓰
　モク・ユビンです。
　목유빈　　　이에요.

　[긍정] ~です ~입니다
　[부정] ~じゃない です ~이/가 아닙니다

가벼운 명사 연결[조사]

◆ 캉 코꾸노 카타데쓰까
　韓国の かたですか。
　한국　　분이세요?
　　↑
　한국어로 옮길 때에는 해석하지 않습니다.

Track 04-01

스토리 회화
유빈과 나미가 도쿄, 하라주쿠에 있는 크레페 가게에 들렀습니다.
오늘의 스토리 회화를 먼저 한국어로 들어볼까요?

학습 포인트
★ 지시대명사를 익히고 일본 고유의 숫자 세기를 배웁니다.

44　맛있는 일본어 독학 첫걸음

오늘의 여행지는?

오늘의 여행지인 도쿄, 하라주쿠는 10~20대 젊은이의 문화를 즐길 수 있는 거리로, 일본 최신 유행을 느끼면서 관광과 쇼핑을 동시에 경험할 수 있는 매력적인 곳입니다.

Post Card.

크레페, 오! 마이 러브~

TODAY 핵심 표현

03 おすすめの クレープは どれですか。
오스스메노 쿠레-푸와 도레데쓰까
추천   크레페는   어느 것이에요?

04 チョコバナナ、ふたつ ください。
쵸코바나나   후따쯔 쿠다사이
초코바나나,   두 개   주세요.

DAY 04 추천 크레페는 어느 것이에요?

맛있는 핵심 문법

Track 04-03

03

오 스 스 메 노 쿠 레 - 푸 와   도 레 데 쓰 까
おすすめの クレープは どれですか。
　추천　　　　 크레페는　　　어느 것이에요?

✓ 지시대명사
사물의 이름을 대신하여 가리키는 말

사물의 이름을 해당 명사로 말하지 않고 '이것, 그것, 저것, 어느 것' 등으로 대신하여 가리키는 말을 지시대명사라고 합니다. 오늘은 물건을 가리키는 지시대명사와 명사를 수식하는 지시대명사를 배웁니다. 특히 물건을 가리키는 지시대명사는 사람에게는 쓰지 않는다는 점을 기억해 두세요.

단어

おすすめ 추천
クレープ (crêpe) 크레페
〜は 〜은/는
おみやげ 여행 선물
すし 초밥
いか 오징어
えき 역

	こ	そ	あ	ど
물건	코 레 これ 이것	소 레 それ 그것	아 레 あれ 저것	도 레 どれ 어느 것
명사 수식	코 노 쿠 레 - 푸 この クレープ 이 크레페	소 노 쿠 레 - 푸 その クレープ 그 크레페	아 노 쿠 레 - 푸 あの クレープ 저 크레페	도 노 쿠 레 - 푸 どの クレープ 어느 크레페

일본어 TIP

「クレープは」의 「は」는 한국어의 '은/는'에 해당하는 조사입니다. 이처럼 조사로 쓰일 때에는 「は」라고 쓰고 [wa(와)]라고 읽는다는 점에 주의하세요.

예)
오 미 야 게 와 코 레 데 쓰
おみやげは これです。
여행 선물은 이것이에요.

소 노 스 시 와 이 까 쟈 나 이 데 쓰
その すしは いかじゃないです。
그 초밥은 오징어가 아니에요.

아 레 와 에 끼 데 쓰 까
あれは えきですか。
저것은 역이에요?

▶ 다음 |보기|와 같이 연습해 보세요.

 Track 04-04

|보기 01|
오미야게와 코레데쓰
おみやげは これです。
여행 선물은 이것이에요.

치켓・또 소 레
① **チケット**   **それ**

히꼬-끼 아 레
② **ひこうき**   **あれ**

타꼬노 스시 도 레
③ **たこの すし**   **どれ**

단어
おみやげ 여행 선물
チケット (ticket) 티켓
ひこうき 비행기
たこ 문어
すし 초밥

*힌트
• どれ + ですか 어느 것이에요? (항상 의문문)

|보기 02|
소노 스시와 이까데스까
その すしは いかですか。
그 초밥은 오징어예요?

코 노 타 꼬
① **この**   **たこ**

소 노 마구로
② **その**   **まぐろ**

아 노 타마고
③ **あの**   **たまご**

단어
すし 초밥
いか 오징어
まぐろ 참치
たまご 달걀, (초밥)계란말이

DAY 04 추천 크레페는 어느 것이에요? 47

04

_{쵸 코 바 나 나　　후 따 쯔　쿠 다 사 이}
チョコバナナ、ふたつ ください。
초코바나나,　　　　　　두 개　　　　　주세요.

✓ 일본 고유의 숫자 세기
ひとつ 하나 ~ とお 열

단어

チョコバナナ
(chocolate+banana) 초코바나나(일본식 조어)

ください 주세요

クレープ (crêpe) 크레페

まぐろ 참치

すし 초밥

식당에서 주문할 때 또는 쇼핑할 때 물건의 개수 세기를 알면 더욱 편리하겠지요? 한국어 '하나, 둘, 셋……'은 일본어로는 어떻게 말할까요? 다음 표를 잘 봐 주세요.

하나, 한 개	둘, 두 개	셋, 세 개	넷, 네 개	다섯, 다섯 개
히또쯔 ひとつ	후따쯔 ふたつ	밋쯔 みっつ	욧쯔 よっつ	이쯔쯔 いつつ
여섯, 여섯 개	**일곱, 일곱 개**	**여덟, 여덟 개**	**아홉, 아홉 개**	**열, 열 개**
뭇쯔 むっつ	나나쯔 ななつ	얏쯔 やっつ	코꼬노쯔 ここのつ	토- とお

또 '몇 개예요?'라고 질문할 때에는 '몇 개'라는 말인 「いくつ」를 써서 「いくつですか」라고 하면 됩니다.

예　_{쿠 레 - 푸　　히 또 쯔}　　　_{마 구 로 노 스 시　　밋 쯔}
　　クレープ、ひとつ。　　まぐろの すし、みっつ。
　　크레페, 하나(한 개).　　　참치 초밥, 셋(세 개).

메뉴를 편하게 주문할 수 있는 표현

어려운 한자와 가타카나를 잘 몰라도 식당에서 손쉽게 메뉴를 주문할 수 있는 공식은 '지시대명사 + 고유 숫자 + _{쿠다사이}ください'입니다. 「_{쿠다사이}ください」는 '주세요'라는 뜻입니다. 먹고 싶은 메뉴를 손가락으로 가리키면서 이 표현을 말하면 됩니다.

예　_{코 레　히 또 쯔　쿠 다 사 이}　　　_{코 노 스 시　욧 쯔　쿠 다 사 이}
　　これ、ひとつ ください。　　この すし、よっつ ください。
　　이거, 하나 주세요.　　　　　　이 초밥, 네 개 주세요.

차근차근, 일본어

Track 04-06

▶ 다음 |보기|와 같이 연습해 보세요.

|보기 03|
_{쿠 레 - 푸} _{히 또 쯔 쿠 다 사 이}
クレープ、ひとつ ください。
크레페, 하나 주세요.

① _{마 구 로 노 스 시} 　　_{후 따 쯔}
　まぐろの すし　　ふたつ

② _{소 노 오 미 야 게}　　_{밋 ◆ 쯔}
　その おみやげ　　みっつ

③ _{타 마 고}　　　　　　_{이 쯔 쯔}
　たまご　　　　　　いつつ

④ _{코 레}　　　　　　　_{얏 쯔}
　これ　　　　　　　やっつ

단어

クレープ (crêpe) 크레페
まぐろ 참치
すし 초밥
その 그
おみやげ 여행 선물
たまご 달걀, (초밥)계란말이
これ 이것

すし라면 몇 개라도 만들어 먹을 수 있어~!

DAY 04 추천 크레페는 어느 것이에요?

 **맛있는 현지 회화**

 회화 듣기 Track 04-07    직접 따라 말하기 Track 04-09

☀ 유빈과 나미가 크레페 가게에서 메뉴판을 보면서 주문하고 있습니다.

점원　　이랏　・　샤　이마세
　　　　いらっしゃいませ。

나미　　오스스메노 쿠레-푸와 도레데스까
　　　　おすすめの クレープは どれですか。

점원　　쵸코바나나데쓰　코노 쿠레-푸데스
　　　　チョコバナナです。この クレープです。

나미　　쟈　소레 쿠다사이　모꾸상・와
　　　　じゃ、それ ください。モクさんは？

유빈　　오나지노 쿠다사이
　　　　同じの ください。

나미　　쟈　쵸코바나나 후따쯔 쿠다사이
　　　　じゃ、チョコバナナ、ふたつ ください。

 Track 04-08

단어

- いらっしゃいませ 어서 오세요
- おすすめ 추천
- クレープ (crêpe) 크레페
- ～は ~은/는
- どれ 어느 것
- チョコバナナ (chocolate+banana) 초코바나나(일본식 조어)
- この 이
- じゃ 그럼
- それ 그것
- ください 주세요
- ～さん ~씨
- 同じの 같은 것
- ふたつ 두 개

두근두근, 스토리!

우리말→일본어 말하기　Track 04-10

점원	어서 오세요.
나미	추천 크레페는 어느 것이에요?
점원	초코바나나예요. 이 크레페예요.
나미	그럼, 그거 주세요. 목 씨는요?
유빈	같은 거 주세요.
나미	그럼, 초코바나나, 두 개 주세요.

맛있는 회화 TIP

오스스메와 도레데쓰까
おすすめは どれですか。　추천 메뉴를 소개 받고 싶으면?

낯선 식당에서 메뉴 선택에 실패하지 않기 위해서는 요리사가 추천하는 메뉴를 주문하는 것이 좋지요. 이럴 때 한국에서는 "추천 메뉴는 뭐예요?"라고 묻는데, 이 말을 일본어로는 「おすすめは どれですか。(추천은 어느 것이에요?)」라고 합니다. 이 한마디만 알아도 일본에서 현지인만이 아는 맛있는 메뉴를 먹을 수 있을 거예요.

DAY 04　추천 크레페는 어느 것이에요?　51

맛있는 연습 문제

1 다음 문장의 한국어를 일본어로 바꾸어 써 보세요.

① おみやげは 이것です。

② チケットは 그것じゃないです。

③ まぐろは 어느 것ですか。

④ クレープ、한 개 ください。

⑤ すし、세 개 ください。

⑥ たまご、일곱 개 ください。

> **＊힌트**
> • ①~③ → 46쪽의 **03** 번 설명 참고
> • ④~⑥ → 48쪽의 **04** 번 설명 참고

Track 04-11

2 다음 문장을 듣고 빈칸에 알맞은 일본어를 써 보세요.

① おすすめの クレープは _____。
추천 크레페는 어느 것이에요?

② チョコバナナ、_____。
초코바나나, 두 개 주세요.

> **＊힌트**
> • ① → 46쪽의 **03** 번 설명 참고
> • ② → 48쪽의 **04** 번 설명 참고

지금 떠나는 여행 속 일본
Tokyo

Harajuku
하라주쿠

하라주쿠(原宿)는 10대에서 20대의 젊은이들이 모여드는 거리로, 저렴하면서 개성이 넘치는 최신 패션 아이템들이 가득한 곳입니다. 젊은이의 거리인 다케시타도리(竹下通り)를 지나 오모테산도(表参道)로 들어가면 아름드리 느티나무 가로수가 우거진 길을 따라 예술적인 패션 빌딩과 카페 등이 늘어서 있어 성숙하고 세련된 거리 분위기를 느낄 수 있습니다.

하라주쿠, 나만의 여행 코스!!

메이지 진구

도심 속에서 자연을 느낄 수 있는 **메이지 진구**. 마치 산림욕을 하듯 산책을 즐길 수 있습니다. 가능하면 오전에 방문하는 것이 베스트~!

오모테 산도

다케시타도리와는 또 다른 **오모테산도**. 세련된 패션 빌딩에서의 쇼핑부터 예술 작품을 즐길 수 있는 갤러리, 잠시 쉬어 갈 수 있는 노천 카페 등 핫플레이스들이 모여 있는 거리입니다!

크레페

하라주쿠에 가면 꼭 먹어 보고 싶은 건 역시 **크레페**! 종류도 다양하고 걸으면서 간단하게 먹을 수 있는 것이 매력 포인트~!

DAY 04 추천 크레페는 어느 것이에요?

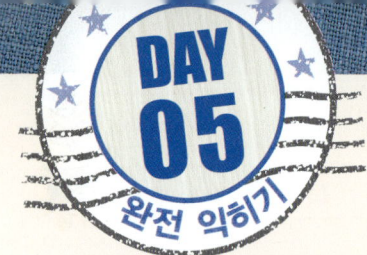

첫째 주 다시 보기 DAY 01-04

이번 주 핵심 문법 DAY 01-02
20~32쪽

DAY 01 ① 히라가나의 청음과 ん

	아	이	우	에	오
ㅡ	あ	い	う	え	お
ㅋ	か	き	く	け	こ
ㅅ	さ	し	す	せ	そ
ㅌ/ㅊ	た	ち	つ	て	と
ㄴ	な	に	ぬ	ね	の
ㅎ	は	ひ	ふ	へ	ほ
ㅁ	ま	み	む	め	も
(야)	や		ゆ		よ
ㄹ	ら	り	る	れ	ろ
(와)	わ			を	ん

DAY 02 ① 히라가나의 탁음과 반탁음

	아	이	우	에	오
ㄱ	が	ぎ	ぐ	げ	ご
ㅈ	ざ	じ	ず	ぜ	ぞ
ㄷ/ㅈ	だ	ぢ	づ	で	ど
ㅂ	ば	び	ぶ	べ	ぼ
ㅍ	ぱ	ぴ	ぷ	ぺ	ぽ

* 는 발음에 주의하세요.

DAY 02 ② 히라가나의 요음

	야	유	요
ㅋ	きゃ	きゅ	きょ
ㅅ	しゃ	しゅ	しょ
ㅊ	ちゃ	ちゅ	ちょ
ㄴ	にゃ	にゅ	にょ
ㅎ	ひゃ	ひゅ	ひょ
ㅁ	みゃ	みゅ	みょ
ㄹ	りゃ	りゅ	りょ

	야	유	요
ㄱ	ぎゃ	ぎゅ	ぎょ
ㅈ	じゃ	じゅ	じょ
ㅂ	びゃ	びゅ	びょ
ㅍ	ぴゃ	ぴゅ	ぴょ

DAY 02 ③ 히라가나의 촉음(促音)

작은「つ」로 표기하고, 한 박자로 읽기

예 れっしゃ 열차 (렛 ♦ 샤)

DAY 02 ④ 히라가나의 발음(撥音)

「ん」으로 표기하고 한 박자로 읽기

예 にほんご 일본어 (니 홍 ♦ 고)

DAY 02 ⑤ 히라가나의 장음(長音)

「ー」부분을 한 박자 더 길게 발음

예 おいしい 맛있다 (오이시-)

실력 다지기

1 다음 히라가나를 순서에 맞게 써 보세요.

① 　치　　토　　타　　츠　　테
　　ち・と・た・つ・て

_____

② 　푸　　파　　포　　피　　페
　　ぷ・ぱ・ぽ・ぴ・ぺ

_____

③ 　료　　랴　　류
　　りょ・りゃ・りゅ

_____

도전! 일본어 시험

2 제시된 단어와 박자수가 같은 단어를 ①·②·③·④에서 하나 고르세요.

① れっしゃ

　① すし　　② さしみ　　③ にほんご　　④ たこやき

② おいしい

　① しゃしん　② りょこう　③ いっぱい　　④ りょうり

***힌트**
- 촉음「っ」, 발음「ん」도 한 박자로 읽습니다.
- 장음은 한 박자 길게 읽습니다.

이번 주 핵심 문법 DAY 03-04

01 **명사문(현재):** [긍정] ~です, [부정] ~じゃないです | 36쪽 |

예) はい、おみやげです。[긍정]
　　하이 오미야게데쓰
네, 여행 선물이에요.

　　いいえ、おみやげじゃないです。[부정]
　　이-에 오미야게 쟈 나이데스
아니요, 여행 선물이 아니에요.

02 **가벼운 명사 연결[조사]:** ~の | 38쪽 |

예) あさくさの おみやげ
　　아사쿠사노 오미야게
아사쿠사 여행 선물

03 **지시대명사:** 사물의 이름을 대신하여 가리키는 말 | 46쪽 |

	こ	そ	あ	ど
물건	코레 これ 이것	소레 それ 그것	아레 あれ 저것	도레 どれ 어느 것
명사 수식	코노 쿠레-푸 この クレープ 이 크레페	소노 쿠레-푸 その クレープ 그 크레페	아노 쿠레-푸 あの クレープ 저 크레페	도노 쿠레-푸 どの クレープ 어느 크레페

예) おみやげは これです。 여행 선물은 이것이에요.
　　오미야게와 코레데쓰

04 **일본 고유의 숫자 세기:** ひとつ~とお | 48쪽 |

하나, 한 개	둘, 두 개	셋, 세 개	넷, 네 개	다섯, 다섯 개
히또쯔 ひとつ	후따쯔 ふたつ	밋쯔 みっつ	옷쯔 よっつ	이쯔쯔 いつつ
여섯, 여섯 개	일곱, 일곱 개	여덟, 여덟 개	아홉, 아홉 개	열, 열 개
뭇쯔 むっつ	나나쯔 ななつ	얏쯔 やっつ	코꼬노쯔 ここのつ	토- とお

예) クレープ、ひとつ
　　쿠레-푸 히또쯔
크레페, 하나(한 개).

실력 다지기

1 다음 문장을 일본어로 바르게 옮겨 보세요.

1 네, 여행 선물**이에요**.

   はい、おみやげ _____。
   하 이   오 미 야 게

2 **아사쿠사** 여행 선물

   _____ おみやげ
                              오 미 야 게

3 여행 선물은 **이것이에요**.

   おみやげは _____。
   오 미 야 게 와

도전! 일본어 시험 ☆ JPT, JLPT [문법] 공동 출제 ☆

2 ( ) 안에 들어갈 가장 알맞은 것을 ①·②·③·④에서 하나 고르세요.

1 いいえ、おみやげ (　　　)。
   이 에   오 미 야 게

   ① です　　② じゃないです　　③ ですか　　④ ないです

2 おみやげは (　　　) ですか。
   오 미 야 게 와   데 쓰 까

   ① この　　② その　　③ あの　　④ どれ

> *힌트
> 1 「いいえ(아니요)」 뒤에는 부정문이 연결됩니다.
> 2 ( ) 뒤에 수식할 명사가 없습니다.

🌟 우리만 알고 있는 여행 이야기

도쿄

▲에도 도쿄 박물관

왜 도쿄(東京)는 '東(동쪽) 京(수도)'가 되었을까?

일본에서는 예부터 천황이 거주하는 곳을 수도로 삼았습니다. 8세기부터 19세기까지 오랫동안 일본의 수도는 도쿄보다 서쪽에 있는 교토(京都)였습니다. 메이지(明治) 시대가 시작되면서 당시 에도(江戶)였던 지명이 도쿄로 바뀌고 천황이 거처를 도쿄로 옮기게 되었는데, '도쿄(東京)'는 동쪽(東)에 있는 수도(京)라는 뜻에서 붙여진 명칭이라고 합니다. 지금도 도쿄에서는 옛 명칭인 '에도'를 사용하고 있는 것을 많이 볼 수 있습니다.

이것이 바로

✓ 일본의 수도이자 일본의 정치, 경제, 문화의 중심지! 일본 여행의 시작은 역시 도쿄부터 GO!!

✓ 현대적 감각의 빌딩 숲 사이에서 전통을 간직한 건물과 자연을 만끽할 수 있어서 GREAT!!

✓ 애니메이션, 만화, 드라마, 영화 등의 촬영 장소를 직접 구경할 수 있어서 GOOD!!

맛으로 만나 보는 도쿄

일본 현지인이 즐기는 대표 음식을 소개합니다!

🏅 **덴돈(아사쿠사)**

새우, 채소 등의 튀김에 달콤한 간장 소스를 얹어 먹는 덮밥입니다. 바삭바삭 튀김 맛이 일품입니다.

あー, おいしい~!
だんご

🏅 **몬자야키(쓰키시마)**

여러 가지 채소와 해산물을 넣어 만든 반죽을 철판에 익혀 먹는 요리입니다.

🏅 **후카가와메시(후카가와)**

바지락, 대합, 파 등을 넣어 끓인 된장국을 밥에 부어서 먹거나 밥을 지을 때 함께 넣어 만드는 요리입니다.

🏅 **찬코나베(료고쿠)**

스모 선수들이 즐겨 먹는 전골 요리로 해산물, 고기, 채소 등을 넣고 끓여 유자 간장 소스에 찍어 먹습니다.

 도쿄 사람처럼

'아주 맛있다~!'
쵸- 오이시-
ちょう おいしい~!

🏅 **에도마에 즈시(도쿄)**

장인의 손맛!

도쿄에서 맛볼 수 있는 한입 크기의 초밥! 장인의 손맛으로 업그레이드된 신선한 생선회 맛을 느껴 보세요.

WEEK 02

DAY 06-10

지금 맛있는 간사이를 만나러 가자!

이번 주에는?
관광지를 바라보며 감상을 말하거나 간단하게 길을 물어볼 수 있습니다.

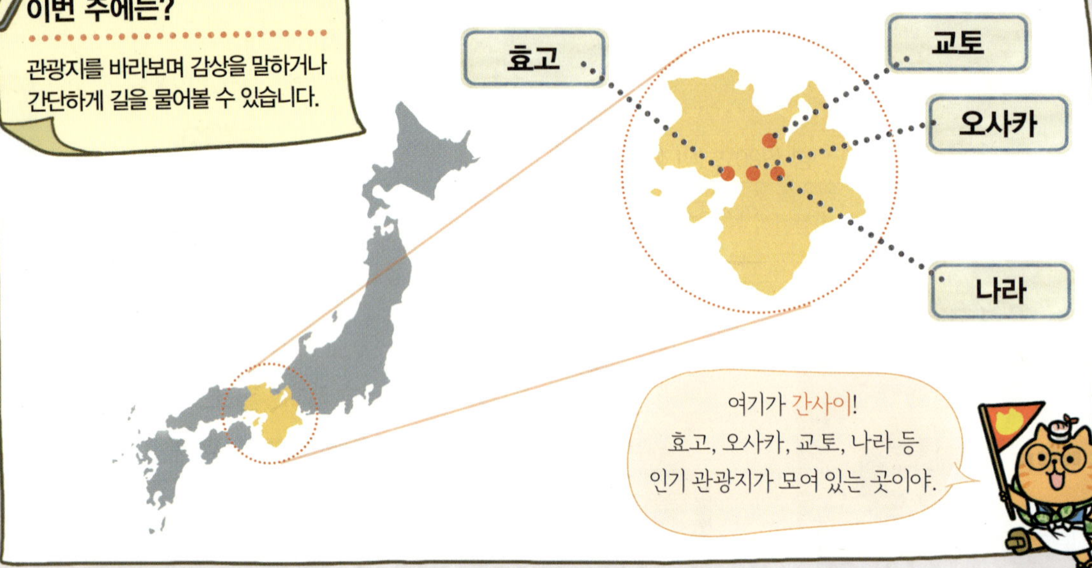

효고 / 교토 / 오사카 / 나라

여기가 **간사이**!
효고, 오사카, 교토, 나라 등 인기 관광지가 모여 있는 곳이야.

DAY 06 효고, 히메지
현장 소감을 표현하는 な형용사문을 배워 보자.

DAY 07 오사카, 도톤보리
더 먹어 보고 싶어지는 い형용사문을 배워 보자.

DAY 08 — 교토, 기온
가고 싶은 곳으로 간다!
길을 묻는 표현을 배워 보자.

DAY 09 — 나라, 나라공원
즐거운 자유 시간을 보내기 위해
시간 표현과 존재문을 배워 보자.

DAY 10

둘째 주 DAY 06~09 복습

둘째 주에 배운 な형용사와 い형용사, 시간 표현,
존재문을 중심으로, 연습 문제를 풀면서 복습합니다.

간사이 여행 이야기

간사이의 숨겨진 매력과 간사이 여행을 추천
하는 이유, 그리고 간사이에서 맛볼 수 있는 대표
음식을 소개합니다.

▲ 오사카, 교토, 고베를 연결하는
한큐 전철

현장 소감 말하기

姫路城は 日本で 有名な おしろです。
히메지죠-와 니혼데 유-메-나 오시로데쓰

히메지성은 일본에서 유명한 성이에요.

지난 학습 다시 보기

지시대명사

- おすすめの クレープは どれですか。
  추천   크레페는   어느 것이에요?

  > これ 이것, それ 그것, あれ 저것, どれ 어느 것

일본 고유의 숫자 세기

- チョコバナナ、ふたつ ください。
  초코바나나,   두 개 주세요.

  > ひとつ 하나 ~ とお 열

TODAY 스토리 회화
칸지와 로빈이 간사이, 효고에 있는 히메지성을 방문했습니다.
오늘의 스토리 회화를 먼저 한국어로 들어볼까요?

Track 06-01

TODAY 학습 포인트
★ な형용사문을 익히고 여행 현장에서 소감을 말하는 표현을 배웁니다.

오늘의 여행지는?

提供: 姫路市

오늘의 여행지인 효고, 히메지는 히메지성으로 유명한 곳입니다. 히메지성은 일본의 국보이자 세계문화유산으로 지정된 성곽입니다. 400년이 넘는 세월을 견뎌온 히메지성은 17세기 에도 시대의 건축술과 조형미를 짐작하게 합니다.

Post Card.

提供: 姫路市

일본 사극에 많이 나오는 곳이야!

TODAY 핵심 표현

05 히메지죠-와 니혼•데 유-메-나 오시로데쓰
姫路城は 日本で 有名な おしろです。
히메지성은 일본에서 유명한 성이에요.

Track 06-02

06 케시키가 토떼모 키레-데쓰
けしきが とても きれいです。
경치가 아주 예뻐요.

DAY 06 히메지성은 일본에서 유명한 성이에요.

맛있는 핵심 문법

Track 06-03

05

히메지죠-와 니혼•데 유-메-나 오시로데쓰
姫路城は 日本で 有名な おしろです。
히메지성은 일본에서 유명한 성이에요.

✓ な형용사의 명사 수식과 기본형
[명사 수식] ~な~ ~한~, [기본형] ~だ ~(하)다

형용사가 뒤에 오는 명사를 수식할 때, 예를 들어 한국어로 '유명한 성'이라는 말을 일본어로는 「有名な おしろ」라고 표현하는데, 이처럼 명사를 수식할 때 「~な」로 끝나는 형용사를 な형용사라고 합니다. 기본형은 「有名だ(유명하다)」와 같이 어미가 だ로 끝납니다. 명사문과 비슷한 활용을 하는데, 아래 표를 보면서 비교하여 정리해 봅시다.

	な형용사	명사
명사 수식	ゆうめい 有名な おしろ 유명한 성	とうきょう 東京の おみやげ 도쿄 여행 선물
기본형	ゆうめい 有名だ 유명하다	おみやげだ 여행 선물이다

단어

ひめ じょう
姫路城 히메지성

~は ~은/는

に ほん
日本 일본

~で ~에서

ゆうめい
有名だ [な형] 유명하다

おしろ 성

すてきだ [な형] 멋지다

おんせん 온천

きれいだ [な형] 예쁘다

けしき 경치

예)

스테끼나 오미야게 스테끼다 나형용사
すてきな おみやげ [すてきだ, な형용사]
멋진 여행 선물

유-메-나 온•셍• 유-메-다 나
有名な おんせん [有名だ, な형용사]
유명한 온천

키레-나 케시끼 키레-다 나
きれいな けしき [きれいだ, な형용사]
예쁜 경치

여행 TIP

てんしゅかく
천수각

성 중심부에 위치하는 가장 높은 망루로, 권위를 상징하는 역할 외에 성주의 지휘소, 식량이나 무기의 저장 창고, 대피소 등으로도 사용되었습니다.

▶ 다음 |보기|와 같이 연습해 보세요.

Track 06-04

| |보기|
01 | すてきな おみやげ
멋진 여행 선물 |

① 유-메-다
有名だ　　온·셍·
おんせん

② 키레-다
きれいだ　　케시끼
けしき

③ 스테끼다
すてきだ　　에끼
えき

④ 스키다
すきだ　　스시
すし

단어

すてきだ [な형] 멋지다
おみやげ 여행 선물
有名だ(ゆうめい) [な형] 유명하다
おんせん 온천
きれいだ [な형] 예쁘다
けしき 경치
えき 역
すきだ [な형] 좋아하다
すし 초밥

おんせん에서 여행의 피로를 풀자고~!

DAY 06　히메지성은 일본에서 유명한 성이에요.

06
케시끼가 토떼모 키레-데쓰
けしきが とても きれいです。
경치가   아주   예뻐요.

✓ な형용사의 정중한 현재 표현
[긍정] ~です ~(ㅂ)니다, [부정] ~じゃないです ~(하)지 않습니다

な형용사 긍정문은 어미 「だ」를 「です」로 바꾸면 됩니다. 부정문은 어미 「だ」를 「じゃないです」로 바꾸고, 의문문은 어미 「だ」를 「ですか」로 바꾸면 됩니다. 명사문과 활용이 비슷한데, 아래 표에서 비교하여 정리해 봅시다.

단어
- けしき 경치
- とても 아주
- きれいだ 〔な형〕 예쁘다
- すてきだ 〔な형〕 멋지다
- かんこう 관광
- たいへんだ 〔な형〕 힘들다

	な형용사	명사
명사 수식	有名な おしろ 유명한 성	東京の おみやげ 도쿄 여행 선물
기본형	有名だ 유명하다	おみやげだ 여행 선물이다
현재 긍정	有名です 유명합니다	おみやげです 여행 선물입니다
현재 부정	有名じゃないです 유명하지 않습니다	おみやげじゃないです 여행 선물이 아닙니다
의문문	有名ですか 유명합니까?	おみやげですか 여행 선물입니까?

 일본어 TIP
「~じゃないです」는 「~じゃありません」이라고도 합니다. 서로 뜻은 같은데, 격식을 갖추지 않은 일상적인 회화에서는 「~じゃないです」쪽을 많이 사용합니다.

 오미야게가 스테끼데쓰   스테끼다 나
おみやげが すてきです。 [すてきだ, な형용사]
여행 선물이 멋져요.

케시끼가 키레-쟈 나이데쓰   키레-다 나
けしきが きれいじゃないです。 [きれいだ, な형용사]
경치가 예쁘지 않아요.

캉・꼬-가 타이헨・데쓰까   타이헨・다 나
かんこうが たいへんですか。 [たいへんだ, な형용사]
관광이 힘들어요?

 일본어 TIP
「おみやげが」의 「が」는 한국어 '이/가'에 해당하는 조사입니다.

▶ 다음 |보기|와 같이 연습해 보세요.

|보기|
02 おみやげが すてきです. 여행 선물이 멋져요.

오 시 로
① おしろ

유-메-다
有名だ

호 시
② ほし

키 레-다
きれいだ

스 시
③ すし

키 라 이 다
きらいだ

단어
おみやげ 여행 선물
すてきだ [な형] 멋지다
おしろ 성
有名だ(ゆうめい) [な형] 유명하다
ほし 별
きれいだ [な형] 예쁘다
すし 초밥
きらいだ [な형] 싫어하다

힌트
「~が きらいだ(싫어하다)」에서 조사 が는 '~을/를'로 해석합니다.

|보기|
03 おみやげが すてきじゃないです. 여행 선물이 멋지지 않아요.

온・셍・
① おんせん

유-메-다
有名だ

케 시 끼
② けしき

키 레-다
きれいだ

사 시 미
③ さしみ

스 키 다
すきだ

단어
おんせん 온천
有名だ(ゆうめい) [な형] 유명하다
けしき 경치
きれいだ [な형] 예쁘다
さしみ 생선회
すきだ [な형] 좋아하다

힌트
「~が すきだ(좋아하다)」에서 조사 が는 '~을/를'로 해석합니다.

DAY 06 히메지성은 일본에서 유명한 성이에요.

 맛있는 현지 회화

회화 듣기 Track 06-07

직접 따라 말하기 Track 06-09

☀ 칸지와 로빈이 히메지성을 바라보며 소감을 말하고 있습니다.

칸지 ロビンさん、ここが 姫路城です。
(로빈・상・ 코꼬가 히메지죠-데쓰)

로빈 姫路……城？
(히메지 죠-)

칸지 姫路城は 日本で 有名な おしろです。
(히메지죠-와 니혼・데 유-메-나 오시로데쓰)

あそこが てんしゅかくです。
(아소꼬가 텐・슈 카꾸데쓰)

로빈 うわー、あそこも かんこうコースですか。
(우와- 아소꼬모 캉・꼬-코-스데쓰까)

칸지 はい、けしきが とても きれいです。
(하이 케시끼가 토떼모 키레-데쓰)

로빈 あそこまで たいへんじゃないですか。
(아소꼬마데 타이헨・쟈 나이데쓰까)

칸지 がんばりましょう。
(감・바리마 쇼-)

Track 06-08

단어

- ここ 여기, 이곳
- ～が ～이/가
- 姫路城(ひめじじょう) 히메지성
- ～で ～에서
- 有名(ゆうめい)だ 〔な형〕 유명하다
- おしろ 성

- あそこ 저기, 저곳
- てんしゅかく (성의) 망루
- うわー 우와~
- ～も ～도
- かんこうコース (course) 관광 코스
- はい 네, 예

- けしき 경치
- とても 아주
- きれいだ 〔な형〕 예쁘다
- ～まで ～까지
- たいへんだ 〔な형〕 힘들다
- がんばりましょう 힘냅시다

두근두근, 스토리!

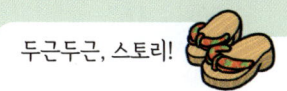

우리말→일본어 말하기 Track 06-10

칸지   로빈 씨, 여기가 히메지성이에요.

로빈   히메지……성?

칸지   히메지성은 일본에서 유명한 성이에요.
        저기가 성 망루예요.

로빈   우와~, 저기도 관광 코스예요?

칸지   네, 경치가 아주 예뻐요.

로빈   저기까지 힘들지 않아요?

칸지   힘내요.

맛있는 회화 TIP

がんばりましょう。 (감·바리마쇼-)   '우리 힘내자'라고 말하고 싶으면?

등산, 시험, 시합 등에서 "파이팅! 우리 다 같이 힘내자!"라고 응원하는 말을 일본어로 표현해 볼까요? 이때에는 「がんばりましょう。」라고 한마디만 하면 됩니다. 「がんばりましょう。」는 "힘냅시다."라는 뜻입니다. 친구 사이라면 반말로 「がんばろう。(힘내자.)」라고 표현할 수 있습니다.

DAY 06   히메지성은 일본에서 유명한 성이에요.

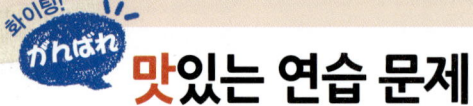 

맛있는 연습 문제

1 다음 문장의 한국어를 일본어로 바꾸어 써 보세요.

① 멋진 おみやげ

　_____

② 유명한 おんせん

　_____

③ 예쁜 けしき

　_____

④ おみやげが 멋져요.

　_____

⑤ けしきが 예쁘지 않아요.

　_____

⑥ かんこうが 힘들어요?

　_____

힌트
- ①~③ → 64쪽의 05 번 설명 참고
- ④~⑥ → 66쪽의 06 번 설명 참고

2 다음 문장을 듣고 빈칸에 알맞은 일본어를 써 보세요.

① 姫路城は 日本で _____ おしろです。
　히메지성은 일본에서 유명한 성이에요.

② けしきが とても _____ 。
　경치가 아주 예뻐요.

힌트
- ① → 64쪽의 05 번 설명 참고
- ② → 66쪽의 06 번 설명 참고

지금 떠나는 여행 속 일본
Kansai

Himeji
히메지

히메지(姬路)는 효고(兵庫)를 대표하는 관광 도시 중 하나입니다. 특히 히메지성은 나라(奈良)의 호류지(法隆寺)와 함께 일본에서 처음으로 세계문화유산에 선정되었습니다. 새하얗고 우아한 모습의 성벽은 백로가 춤을 추는 모습에 비유되어 '하쿠로조(白鷺城)', 즉 '백로의 성'이라는 애칭으로 불리기도 합니다.

 히메지, 나만의 여행 코스!!

코코엔

히메지성에 가면 꼬~옥 들러보고 싶은 **코코엔**. 아름다운 일본 정원을 느긋하게 둘러보는 사이 여행의 피로도 싸~악 사라집니다!

히메지 하리코

일본 종이를 겹겹이 붙여서 만드는 **히메지 하리코**. 원래는 전통 장난감인데 지금은 여행 선물로도 인기 있습니다!

히메지 오뎅

히메지에 가면 먹어 보고 싶은 **히메지오뎅**. 일반 오뎅과 다른 점은 생강을 넣어 만든 간장 소스에 찍어 먹는다는 것!

DAY 06 히메지성은 일본에서 유명한 성이에요.

DAY 07 음식 소감 말하기

코꼬가 오-사까데 이찌방・ 오이시- 오미세데쓰
ここが 大阪で 一番 おいしい おみせです。
여기가 오사카에서 가장 맛있는 가게예요.

지난 학습 다시 보기

な형용사의 명사 수식과 기본형

[명사 수식] ～な ~한~
[기본형] ～だ ~(하)다

- ひめじじょうは にほんで ゆうめいな おしろです。
  히메지성은   일본에서   유명한   성이에요.

な형용사의 정중한 현재 표현

- けしきが とても きれいです。
  경치가   아주   예뻐요.

[긍정] ～です ~(합)니다
[부정] ～じゃないです ~(하)지 않습니다

스토리 회화 TODAY

Track 07-01

칸지와 로빈이 간사이, 오사카에 있는 다코야키 가게에 들렸습니다.
오늘의 스토리 회화를 먼저 한국어로 들어볼까요?

학습 포인트 TODAY

★ い형용사문을 익히고 음식을 먹고 난 후 소감을 말하는 표현을 배웁니다.

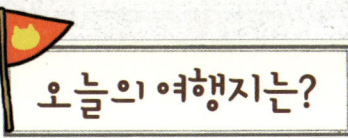

오늘의 여행지는?

오늘의 여행지인 도톤보리가 있는 오사카는 간사이 지역의 최대 도시로, 옛날부터 상공업이 발달하여 물류 거래가 활발했던 곳입니다. 한국에서도 인기 있는 다코야키를 비롯하여 맛있는 먹거리가 많은 것으로도 유명합니다.

다코야키, 더 이상 못 먹겠어~!

TODAY 핵심 표현

07
코꼬가 오-사까데 이찌방 오이시- 오미세데쓰
ここが 大阪で 一番 おいしい おみせです。

여기가   오사카에서   가장   맛있는   가게예요.

Track 07-02

08
데끼타떼가 오이시-데쓰
できたてが おいしいです。

갓 나온 것이   맛있어요.

맛있는 핵심 문법

Track 07-03

07
ここが 大阪で 一番 おいしい おみせです。
코꼬가 오-사까데 이찌방 오이시- 오미세데쓰
여기가 오사카에서 가장   맛있는   가게예요.

✓ い형용사의 명사 수식과 기본형
[명사 수식] ～い～ ～ㄴ～, [기본형] ～い ～다

형용사가 뒤에 오는 명사를 수식할 때, 예를 들어 한국어로 '맛있는 가게'라는 말을 일본어로는 「おいしい おみせ」라고 표현하는데, 이처럼 명사를 수식할 때 「～い」로 끝나는 형용사를 い형용사라고 합니다. 기본형은 「おいしい(맛있다)」와 같이 어미가 「い」로 끝납니다. 아래 표를 보면서 정리해 봅시다.

	い형용사
명사 수식	おいしい おみせ / 맛있는 가게
기본형	おいしい / 맛있다

단어
- ここ 여기, 이곳
- ～が ～이/가
- 大阪(おおさか) 오사카(지명)
- ～で ～에서
- 一番(いちばん) 가장, 제일
- おいしい [い형] 맛있다
- おみせ 가게
- おおきい [い형] 크다
- たこやき 다코야키
- あつい [い형] 뜨겁다
- コーヒー (coffee) 커피
- あまい [い형] 달콤하다, 달다

예) おおきい たこやき [おおきい, い형용사]
오-키- 타꼬야끼 오-키- 이
큰 다코야키

あつい コーヒー [あつい, い형용사]
아쯔이 코-히- 아쯔이 이
뜨거운 커피

あまい クレープ [あまい, い형용사]
아마이 쿠레-푸 아마이 이
달콤한 크레페

 여행 TIP

たこやき 다코야키
밀가루 반죽에 문어(또는 낙지)를 넣어서 동그랗게 구워낸 것으로, 오사카 명물 음식입니다. 소스와 김가루를 뿌려 먹습니다.

▶ 다음 |보기|와 같이 연습해 보세요.

|보기|
01　おおきい たこやき
큰 다코야키

① あつい (아쯔이)　　コーヒー (코-히-)

② あまい (아마이)　　クレープ (쿠레-푸)

③ おいしい (오이시-)　　すし (스시)

④ いい (이-)　　おみせ (오미세)

단어

おおきい [い형] 크다
たこやき 다코야키
あつい [い형] 뜨겁다
コーヒー (coffee) 커피
あまい [い형] 달콤하다, 달다
おいしい [い형] 맛있다
いい [い형] 좋다
おみせ 가게

おいしい 음식이라면
내 전문이라고~!

DAY 07　여기가 오사카에서 가장 맛있는 가게예요.

08 できたてが おいしいです。
데끼타떼가 오이시-데쓰
갓 나온 것이 맛있어요.

✓ い형용사의 정중한 현재 표현
[긍정] ~です ~ㅂ니다, [부정] ~くないです ~지 않습니다

い형용사 긍정문은 어미「い」뒤에「です」를 붙이면 됩니다. 부정문은 어미「い」를「くないです」로 바꾸고, 의문문은 어미「い」뒤에「ですか」를 붙이면 됩니다. 아래 표를 보면서 い형용사 활용을 정리해 봅시다.

	い형용사
기본형	おいし**い** 맛있다
명사 수식	おいし**い** おみせ 맛있는 가게
현재 긍정	おいし**いです** 맛있습니다
현재 부정	おいし**くないです** 맛있지 않습니다
의문문	おいし**いですか**。 맛있습니까?

단어
できたて 갓 나온 것
おいしい [い형] 맛있다
かたち 모양
いい [い형] 좋다
コーヒー (coffee) 커피
あつい [い형] 뜨겁다

일본어 TIP
「~くないです」는「~くありません」이라고도 합니다. 서로 뜻은 같은데, 격식을 갖추지 않은 일상적인 회화에서는「~くないです」쪽을 많이 사용합니다.

たこやきが おおきいです。 [おおきい, い형용사]
타꼬야끼가 오-키-데쓰 오-키-이
다코야키가 커요.

かたちが よくないです。 [いい, い형용사]
카따찌가 요꾸나이데쓰 이-이
모양이 좋지 않아요.

コーヒーが あついですか。 [あつい, い형용사]
코-히-가 아쯔이데쓰까 아쯔이 이
커피가 뜨거워요?

일본어 TIP
「いい(좋다)」의 부정 표현은 다른 い형용사의 부정 표현과 다르게「よくないです」로 활용되므로 특히 주의하기 바랍니다.

▶ 다음 |보기|와 같이 연습해 보세요.

|보기|
02 たこやきが おいしいです。
다코야키가 맛있어요.

① かたち (카따찌)   いい (이-)
② コーヒー (코-히-)   あつい (아쯔이)
③ すし (스시)   おおきい (오-키-)

단어
たこやき 다코야키
おいしい [い형] 맛있다
かたち 모양
いい [い형] 좋다
コーヒー (coffee) 커피
おおきい [い형] 크다

|보기|
03 たこやきが おいしくないです。
다코야키가 맛있지 않아요.

① かたち (카따찌)   いい (이-)
② ラーメン (라-멘)   あつい (아쯔이)
③ おみせ (오미세)   おおきい (오-키-)

단어
かたち 모양
いい [い형] 좋다
ラーメン (拉面) 라면
おみせ 가게

*힌트
・「いい」의 부정 표현 → 「よくないです」

DAY 07 여기가 오사카에서 가장 맛있는 가게예요. **77**

맛있는 현지 회화

 회화 듣기 Track 07-07
 직접 따라 말하기 Track 07-09

☀ 로빈과 칸지가 오사카의 다코야키를 먹으면서 이야기하고 있습니다.

로빈
코레가 오-사까메-부쯔노 타꼬야끼데쓰까
これが 大阪名物の たこやきですか。

칸지
하이 코꼬가 오-사까데 이찌방 오이시- 오미세데쓰
はい。ここが 大阪で 一番 おいしい おみせです。

데끼타떼가 오이시-데쓰 히또쯔 도-조
できたてが おいしいです。ひとつ、どうぞ。

로빈
쟈 이따다끼마쓰 아 아 아쯔이데쓰
じゃ、いただきます。あ、あ、あついです！

칸지
다이죠-부데쓰까
だいじょうぶですか。

로빈
하이 모- 히또쯔 쿠다사이
……はい。もう ひとつ ください。

칸지
도-조 아쯔꾸나이데쓰까
どうぞ。あつくないですか。

로빈
다이죠-부데쓰 오이시-데쓰
だいじょうぶです。おいしいです。

단어
 Track 07-08

- 大阪名物 오사카 명물
- たこやき 다코야키
- ここ 여기, 이곳
- 一番 가장, 제일
- おいしい い형 맛있다
- おみせ 가게
- できたて 갓 나온 것
- ひとつ 하나, 한 개
- どうぞ (음식을 건넬 때) 자 드세요
- じゃ 그럼
- いただきます 잘 먹겠습니다
- あつい い형 뜨겁다
- だいじょうぶだ な형 괜찮다
- もう 더

두근두근, 스토리!

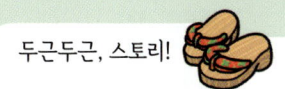
우리말→일본어 말하기 **Track 07-10**

로빈　이것이 오사카 명물인 다코야키예요?

칸지　네. 여기가 오사카에서 가장 맛있는 가게예요.
　　　갓 나온 것이 맛있어요. 하나 드세요.

로빈　그럼, 잘 먹겠습니다. 아, 아, 뜨거워요!

칸지　괜찮아요?

로빈　……네. 하나 더 주세요.

칸지　자, 드세요. 뜨겁지 않아요?

로빈　괜찮아요. 맛있어요.

맛있는 회화 TIP

모 - 히또쯔 쿠다사이
もう ひとつ ください。 하나 더 먹고 싶으면?

여행의 즐거움 중 하나는 맛있는 음식과의 만남일 것입니다. 내 입맛에 딱 맞는 음식을 만나 더 먹고 싶을 때에는? 그럴 때 쓸 수 있는 표현이 바로 「もう ひとつ ください。(하나 더 주세요.)」입니다. 한국어는 '하나 더'라고 표현하지만 일본어는 반대로 '더 하나'라고 표현한다는 것이 포인트입니다.

DAY 07 여기가 오사카에서 가장 맛있는 가게예요.

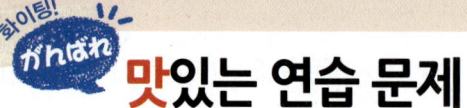 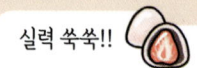 맛있는 연습 문제

1 다음 문장의 한국어를 일본어로 바꾸어 써 보세요.

① 달콤한 クレープ

_____

② 맛있는 すし

_____

③ 큰 おみせ

_____

④ コーヒーが 뜨거워요.

_____

⑤ かたちが 좋지 않아요.

_____

⑥ たこやきが 맛있어요?

_____

*힌트
- ①~③ → 74쪽의 **07**번 설명 참고
- ④~⑥ → 76쪽의 **08**번 설명 참고

2 다음 문장을 듣고 빈칸에 알맞은 일본어를 써 보세요.

① ここが 大阪で 一番 _____ おみせです。
여기가 오사카에서 가장 맛있는 가게예요.

② できたてが _____。
갓 나온 것이 맛있어요.

*힌트
- ① → 74쪽의 **07**번 설명 참고
- ② → 76쪽의 **08**번 설명 참고

지금 떠나는 여행 속 일본
Kansai

Doutombori
도톤보리

Doutombori

　도톤보리(道頓堀)는 오사카(大阪)를 대표하는 관광 명소입니다. 17세기 에도 시대 때 이곳에 극장이 세워지고, 연극이나 공연을 보러 오는 관객을 위한 다방이나 맛집이 생겨나면서 지금의 명소로 발전하게 되었다고 합니다. 오사카는 예부터 일본에서 '천하의 부엌'이라 불려질 만큼 전국 각지의 음식 재료들이 모여들던 곳이라 다양하고 맛있는 음식이 많습니다.

도톤보리, 나만의 여행 코스!!

구이다오레

도톤보리, 구이다오레 닌교. 구이다오레란 '먹는 데에 돈을 아낌없이 써서 망하다'라는 뜻으로, 그만큼 맛있는 것이 많다는 뜻입니다!

호젠지

호젠지는 도심의 골목길에 위치한 작은 절이지만 사찰 특유의 정취를 느낄 수 있는 곳입니다. 이곳 불상에 물을 끼얹으면 아픈 곳이 낫고 소원이 이루어진다고 합니다!

오코노미야키

다코야키와 함께 오사카를 대표하는 음식 중 하나인 오코노미야키. 밀가루 반죽에 양배추, 고기 등을 넣고 철판에 구워 먹어요!

DAY 07　여기가 오사카에서 가장 맛있는 가게예요.

가장 가까운 역 물어보기

야 사카 진・쟈 니 이 키 따인・데 쓰 가
八坂神社に 行きたいんですが。
야사카신사에 가고 싶은데요.

지난 학습 다시 보기

い형용사의 명사 수식과 기본형

- ここが 大阪で 一番 おいしい おみせです。
  여기가 오사카에서 가장   맛있는   가게예요.

  [명사 수식] ～い ~ㄴ~
  [기본형] ～い ~다

い형용사의 정중한 현재 표현

- できたてが おいしいです。
  갓 나온 것이   맛있어요.

  [긍정] ～です ~ㅂ니다
  [부정] ～くないです ~지 않습니다

Track 08-01

TODAY 스토리 회화
로빈과 칸지가 간사이, 교토에 있는 야사카신사에 가려고 합니다.
오늘의 스토리 회화를 먼저 한국어로 들어볼까요?

TODAY 학습 포인트
★ 목적지와 가장 가까운 역을 물어보는 표현을 배웁니다.

오늘의 여행지는?

오늘의 여행지인 기온이 있는 교토는 일본의 옛 수도였던 곳으로, 거리 곳곳에서 일본의 전통과 정취를 마주하게 됩니다. 오늘 방문하는 야사카신사는 젊은 사람들에게는 연애 성취를 기원하는 곳으로 유명합니다.

나도 여자친구가 생겼으면 해……

TODAY 핵심 표현

09 야사카진・쟈 니 이 키 따 인 ・ 데 쓰 가
八坂神社に 行きたいんですが。
야사카신사에 가고 싶은데요.

10 이찌 방・치까이 에끼와 도 꼬 데 쓰 까
一番 近い 駅は どこですか。
가장 가까운 역은 어디예요?

DAY 08 야사카신사에 가고 싶은데요.

 맛있는 핵심 문법

 Track 08-03

09

야 사카 진 • 쟈 니 이 키 따인 • 데 쓰 가
八坂神社に 行きたいんですが。
야사카신사에   가고 싶은데요.

✓ 목적지를 알리는 표현
~に 行きたいんですが ~에 가고 싶은데요

길을 물을 때에는 우선 자신이 가려는 목적지부터 알려야겠지요? 길을 물을 때 쓸 수 있는 일본어 표현은 바로「목적지 + に 行きたいんですが。(목적지 + 에 가고 싶은데요.)」입니다. 그냥 패턴으로 통암기해서 쓰세요.

예
아사쿠사에끼 니 이 키 따인 • 데 쓰 가
浅草駅に 行きたいんですが。
아사쿠사역에 가고 싶은데요.

쿄 - 호 테 루니 이 키 따인 • 데 쓰 가
京ホテルに 行きたいんですが。
교호텔에 가고 싶은데요.

아 노 - 스 미 마 셍 • 히메지죠-니 이 키 따인 • 데 쓰 가
あのう、すみません。姫路城に 行きたいんですが。
저기, 죄송한데요. 히메지성에 가고 싶은데요.

단어
八坂神社 야사카신사(교토에 있는 신사)
浅草駅 아사쿠사역(도쿄에 있는 지하철 역명)
京ホテル (hotel) 교호텔
あのう (말을 건넬 때) 저기(요)
すみません 죄송합니다
姫路城 히메지성

 일본어 TIP
여기서「八坂神社に」의「に」는 한국어의 '~에, ~로'에 해당하는 말로 도착 지점, 여기서는 목적지를 나타내는 조사입니다.

 일본어 SPICE

상대방에게 자연스럽게 말을 건네는 표현

모르는 사람에게 길을 묻거나 말을 건네는 것이 주저될 때가 있지요. 외국에서는 더욱 그렇겠죠? 이럴 때 자연스럽게 나를 도와주는 일본어 표현이 있습니다. 그 것은 바로 「あのう、すみません。」입니다. 한국어로 '저기, 죄송합니다.'라는 뜻인데, 이 표현을 하려는 말 앞에 붙이면 상대방이 내 말에 귀를 기울여 줄 준비를 할 것입니다.

▶ 다음 |보기|와 같이 연습해 보세요.    Track 08-04

|보기| 01	浅草駅(あさくさえき)に 行(い)きたいんですが. 아사쿠사역에 가고 싶은데요.

① 京ホテル (쿄-호테루)

② 姫路城 (히메지죠-)

③ この おんせん (코노 온셍)

④ この たこやきの おみせ (코노 타꼬야끼노 오미세)

단어

浅草駅(あさくさえき) 아사쿠사역
京(きょう)ホテル (hotel) 교호텔
姫路城(ひめじじょう) 히메지성
この 이
おんせん 온천
たこやき 다코야키
おみせ 가게

지도와 이 표현만 알면
난 어디든 갈 수 있다고~!

DAY 08 야사카신사에 가고 싶은데요.

10

이찌 방・치까이 에끼와 도꼬데쓰 까
一番 近い 駅は どこですか。
가장 가까운 역은 어디예요?

✓ 가장 가까운 장소를 묻는 표현
一番 近い + 장소 + は + どこですか 가장 가까운 ~은/는 어디예요?

현재 위치나 목적지에서 가장 가까운 장소나 건물 등을 물어볼 때 쓰는 표현입니다. 여기에서 「一番」은 '1번'이 아니라 '가장, 제일'이라는 뜻이며, な형용사・い형용사와 함께 자주 쓰입니다.

예
이찌 방・치까이 콤・비니와 도꼬데쓰 까
一番 近い コンビニは どこですか。
가장 가까운 편의점은 어디예요?

아 소꼬데쓰
- **あそこです。**
저기예요.

아 노- 스미마셍・이찌 방・치까이 데구찌와 도꼬데쓰 까
あのう、すみません。一番 近い 出口は どこですか。
저기, 죄송한데요. 가장 가까운 출구는 어디예요?

단어
駅 역
コンビニ (convenience store) 편의점
あそこ 저기, 저곳
あのう (말을 건넬 때) 저기(요)
すみません 죄송합니다
出口 출구

여행 TIP
えんむすび
연분을 맺음
야사카신사는 남녀의 연분을 맺어 주는 「えんむすび」 신을 모시고 있습니다.

장소를 나타내는 지시대명사

장소를 나타내는 지시대명사를 알고 있으면 길을 물어보거나 안내를 받을 때 훨씬 편리합니다. 물건을 가리키는 지시대명사와 함께 정리해 볼까요?

	こ	そ	あ	ど
물건	これ 이것	それ 그것	あれ 저것	どれ 어느 것
장소	ここ 여기, 이곳	そこ 거기, 그곳	あそこ 저기, 저곳	どこ 어디, 어느 곳

▶ 다음 |보기|와 같이 연습해 보세요.

| |보기| 02 | 一番 近い コンビニは どこですか。
가장 가까운 편의점은 어디예요? |

① 出口 (데구찌)

② ホテル (호테루)

③ ラーメンの おみせ (라-멘・노 오미세)

④ バスてい (바스테-)

단어

コンビニ (convenience store) 편의점

出口 출구

ホテル (hotel) 호텔

ラーメン (拉面) 라면

おみせ 가게

バスてい (bus) 버스 정류장

> 화장실이 급하면 「おてあらい」를 넣어서 말하면 돼!

DAY 08 야사카신사에 가고 싶은데요.

맛있는 현지 회화

 회화 듣기 Track 08-07
 직접 따라 말하기 Track 08-09

☀ 로빈이 길을 가는 사람에게 야사카신사에 가까운 역을 묻고 있습니다.

로빈 あのう、すみません。
　　　 아노- 스미마셍

행인 あ、はい。
　　　 아 하이

로빈 八坂神社に 行きたいんですが。
　　　 야사카진샤니 이키따인데쓰가
　　　 一番 近い 駅は どこですか。
　　　 이찌방 치까이 에끼와 도꼬데쓰까

행인 ええと、祇園四条駅です。
　　　 에-토 기온시죠-에끼데쓰

로빈 駅から 神社は 遠いですか。
　　　 에끼까라 진쟈와 토-이데쓰까

행인 いいえ、遠くないです。
　　　 이-에 토-꾸나이데쓰

로빈 どうも ありがとうございました。
　　　 도-모 아리가또- 고자이마시타

단어

 Track 08-08

- あのう (말을 건넬 때) 저기(요)
- すみません 죄송합니다
- 八坂神社 야사카신사 (교토에 있는 신사)
- ～に ～에
- 行きたいんですが 가고 싶은데요
- 一番 가장, 제일
- 近い [い형] 가깝다
- 駅 역
- どこ 어디
- ええと 잠시만(요)
- 祇園四条駅 기온시죠역 (교토의 전철역명)
- ～から ～에서, ～부터
- 遠い [い형] 멀다
- どうも ありがとうございました 정말 감사합니다

두근두근, 스토리!

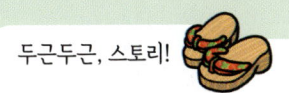

우리말→일본어 말하기 Track 08-10

로빈	저기, 죄송합니다.
행인	아, 네.
로빈	야사카신사에 가고 싶은데요. 가장 가까운 역이 어디예요?
행인	잠시만요, 기온시조역이에요.
로빈	역에서 신사는 멀어요?
행인	아니요, 멀지 않아요.
로빈	정말 감사합니다.

맛있는 회화 TIP

도 - 모 아 리 가 또 - 고 자 이 마 시 타
どうも ありがとうございました。 친절하게 길을 알려준 사람에게 한마디?

친절하게 위치 설명을 해준 사람에게 마지막에 감사하다고 말하고 싶을 때에는 어떤 말을 쓰면 좋을까요? 이럴 때에는 「ありがとうございました」라고 과거형을 쓰는 것이 자연스럽습니다. 「ありがとうございました」는 감사의 뜻 전달과 함께 대화를 마무리하는 역할도 합니다.

DAY 08 야사카신사에 가고 싶은데요.

맛있는 연습 문제

1 다음 문장의 한국어를 일본어로 바꾸어 써 보세요.

① 浅草駅(あさくさえき)에

_____

② 가고 싶은데요.

_____

③ 가장 가까운 駅(えき)

_____

④ 어디예요?

_____

⑤ 여기です。

_____

⑥ 저기です。

_____

*힌트
- ①~② → 84쪽의 **09** 번 설명 참고
- ③~⑥ → 86쪽의 **10** 번, 일본어 SPICE 참고

2 다음 문장을 듣고 빈칸에 알맞은 일본어를 써 보세요.

① 八坂神社(やさかじんじゃ) _____。
야사카신사에 가고 싶은데요.

② _____ 駅(えき)は _____。
가장 가까운 역은 어디예요?

*힌트
- ① → 84쪽의 **09** 번 설명 참고
- ② → 86쪽의 **10** 번 설명 참고

지금 떠나는 여행 속 일본
Kansai

Gion
기온

　기온(祇園)은 교토(京都)의 야사카신사(八坂神社) 일대를 가리키는 지역입니다. 일본 3대 축제 중 하나인 기온마쓰리도 바로 여기에서 열립니다. 또 일본 전통 기모노를 입고 다니는 '마이코(舞妓)'를 만날 수 있는 곳이기도 합니다. 전통 가옥이 늘어선 좁은 돌길을 우아하게 걷는 마이코의 모습은 한 장의 그림 같습니다.

기온, 나만의 여행 코스!!

다츠미바시

기온에서도 운치 있는 곳으로 손꼽히는 다츠미바시! 줄지어 늘어선 전통 가옥들의 모습에서 교토 특유의 멋스러움을 만날 수 있습니다.

기온 마쓰리

매년 7월에 열리는 기온마쓰리는 천 년의 역사를 간직한 야사카신사 축제입니다. 축제의 하이라이트는 화려하게 꾸민 전통 수레~!

교아메

교토의 숨은 명물인 교아메. 알록달록 반짝반짝 보석처럼 빛나는 일본의 전통 사탕입니다. 추억과 함께 드세요.

DAY 08 야사카신사에 가고 싶은데요.

DAY 09 시간 물어보기

あ、あそこに しかが たくさん います。
아　아소꼬니　시카가　타쿠상・이마쓰

아, 저기에 사슴이 많이 있어요.

목적지를 알리는 표현

◆ 八坂神社に 行きたいんですが。
　　야사가신사에　　　가고 싶은데요.

~に 行きたいんですが
~에 가고 싶은데요

가장 가까운 장소를 묻는 표현

◆ 一番 近い 駅は どこですか。
　가장　가까운　역은　어디예요?

一番 近い + 장소 + は + どこですか
가장 가까운 ~은/는 어디예요?

Track 09-01

칸지와 로빈이 간사이, 나라의 나라공원에서 자유 시간을 보내고 있습니다.
오늘의 스토리 회화를 먼저 한국어로 들어볼까요?

★ 시간 표현을 익히고, 일본어 존재문을 배웁니다.

오늘의 여행지는?

오늘의 여행지인 나라공원이 있는 나라는 8세기 일본 수도였던 곳입니다. 대불로 유명한 도다이지(東大寺)를 비롯하여 역사적인 볼거리와 자연이 한곳에 어우러져 있는 관광지입니다.

나라공원의 사슴은 신의 심부름꾼!

TODAY 핵심 표현

Track 09-02

11 산•지데쓰
3時です。
3시예요.

12 아소꼬니 시카가 타쿠상• 이마쓰
あそこに しかが たくさん います。
저기에   사슴이   많이   있어요.

맛있는 핵심 문법

11

산•지 데 쓰
3時です。
3시예요.

✓ 시간 표현
~時(じ) ~시

일본어로 시간을 나타내는 표현은 한국어와 비슷합니다. 숫자 뒤에 '~시'를 나타내는 「時」를 붙여서 표현합니다. 1~12까지의 숫자 읽기와 시간 읽기를 정리하면 다음 표와 같습니다. 특히 4시, 7시, 9시는 조금 특이하게 읽으니까 조심해야 합니다. '몇 시?'라고 시간을 물을 때에는 「何時」라고 하면 됩니다.

단어
今 지금
何時 몇 시
午後 오후
~時 ~시

	1	2	3	4	5	6
숫자	いち	に	さん	よん/し	ご	ろく
시간	いち**じ**	に**じ**	さん**じ**	**よじ**	ご**じ**	ろく**じ**

	7	8	9	10	11	12
숫자	なな/しち	はち	きゅう/く	じゅう	じゅういち	じゅうに
시간	**しちじ**	はち**じ**	**くじ**	じゅう**じ**	じゅういち**じ**	じゅうに**じ**

오전	오후	지금	몇 시
午前 (ごぜん)	午後 (ごご)	今 (いま)	何時 (なんじ)

예 이마 난•지 데 쓰 까
今、何時ですか。
지금, 몇 시예요?

　　고 고 요지 데 쓰
- 午後 4時です。
오후 4시예요.

여행 TIP

奈良のしか
나라 사슴

사슴이 사는 나라공원은 24시간 개방되어 있지만, 사슴을 만날 수 있는 시간은 아침 8시경부터 해가 지기 전까지라고 합니다.

▶ 다음 |보기|와 같이 연습해 보세요.  Track 09-04

> |보기|
> 01 　今、３時です。
> 　　지금, 3시예요.

① 4시

② 7시

③ 9시

④ 11시

단어
今 지금

*힌트
· ①, ②, ③, ④ → 94쪽의 11 번 표 참고

今、何時？
시간 없어, 빨리! 빨리~!

DAY 09 아, 저기에 사슴이 많이 있어요.

12

아 소 꼬 니   시 카 가   타 쿠 상 · 이 마 쓰
あそこに しかが たくさん います。
　　저기에　　　　사슴이　　　　많이　　　있어요.

✓ 존재를 나타내는 표현

(사람, 동물) [긍정] います 있습니다, [부정] いません 없습니다
(물건, 건물) [긍정] あります 있습니다, [부정] ありません 없습니다

일본어는 '있다, 없다'와 같이 존재를 나타낼 때 한국어와 달리 사람과 물건을 구분해서 표현합니다. 즉, 사람이나 동물은 「います」를 쓰고, 펜, 다코야키, 편의점 등과 같이 물건이나 건물은 「あります」를 씁니다. 표로 정리하면 다음과 같습니다. 물어볼 때에는 문장 끝에 「か」를 붙이면 바로 의문문이 됩니다.

	(위치)에	(대상)이	있습니다	없습니다
사람, 동물	~に	~が	います	いません
물건, 건물			あります	ありません

단어

あそこ 저기, 저곳
しか 사슴
たくさん 많이
そこ 거기, 그곳
ねこ 고양이
さいふ 지갑
お金(かね) 돈
そば 근처
コンビニ(こんびに)
(convenience store) 편의점

예

소 꼬 니   우미노상 · 가   이마셍 ·
そこに 海野さんが いません。 [사람]
거기에 우미노 씨가 없어요.

에끼니   네꼬가   이마쓰
駅に ねこが います。 [동물]
역에 고양이가 있어요.

사 이 후 니   오카네가   아리마셍 ·
さいふに お金が ありません。 [물건]
지갑에 돈이 없어요.

소 바 니   콤 · 비 니 가   아리마쓰 까
そばに コンビニが ありますか。 [건물]
근처에 편의점이 있어요?

 일본어 TIP

물건이지만 생물체처럼 움직일 수 있는 것(시동이 걸려 있는 택시, 작동된 로봇, 돌아다니는 귀신 등)이나 놀이동산의 캐릭터, 아끼는 인형은 「います(いません)」를 씁니다.

▶ 다음 |보기|와 같이 연습해 보세요.

|보기|
02 駅(えき)に ねこが います。
역에 고양이가 있어요.

① そこ (소 꼬)
② おんせん (온·셍)
③ さいふ (사 이 후)

① 海野さん (우미 노 상)
② さる (사 루)
③ お金 (오 카네)

단어
駅(えき) 역
ねこ 고양이
そこ 거기, 그곳
おんせん 온천
さる 원숭이
さいふ 지갑
お金(かね) 돈

|보기|
03 そばに コンビニ(こんびに)が ありません。
근처에 편의점이 없어요.

① 駅 (에끼)
② たこやき (타꼬야끼)
③ ホテル (호테루)

① ラーメンの おみせ (라-멘·노 오미세)
② たこ (타꼬)
③ モクさん (모꾸상)

단어
そば 근처
コンビニ(こんびに) (convenience store) 편의점
ラーメン(らーめん) (拉面) 라면
たこ 문어
ホテル(ほてる) (hotel) 호텔

DAY 09 아, 저기에 사슴이 많이 있어요.

 **맛있는 현지 회화**

 회화 듣기 Track 09-07
 직접 따라 말하기 Track 09-09

☀ 로빈과 칸지가 나라공원에서 자유 시간을 보내고 있습니다.

로빈 　오-이시 상　　이마 난 지 데쓰 까
　　　大石さん、今 何時ですか。

칸지 　산 지 데쓰　코레까라　지유- 지칸 데쓰
　　　3時です。これから 自由時間です。

로빈 　아　아소꼬니 시카가 타쿠상　이마쓰
　　　あ、あそこに しかが たくさん います。

칸지 　소바니 시카셈 베- 노 오미세가 아리마쓰네
　　　そばに しかせんべいの おみせが ありますね。

　　　― 로빈과 칸지가 구입한 시카센베이를 사슴들에게 주고 있다. ―

로빈 　오-이시 상　　오-이시 상　　시카셈 베-　못 또 쿠다사이
　　　大石さん！大石さん！しかせんべい、もっと ください。

칸지 　시카셈 베-　모- 아리마셍
　　　しかせんべい？もう ありません。

로빈 　에-
　　　ええ～！

 Track 09-08

단어

- 今 지금
- 何時 몇 시
- ~時 ~시
- これから 이제부터, 지금부터
- 自由時間 자유 시간
- ~に ~에

- しか 사슴
- たくさん 많이
- います (사람, 동물이) 있습니다
- そば 근처
- しかせんべい
  시카센베이(사슴에게 간식으로 주는 전병)

- あります (물건, 건물이) 있습니다
- ~ね ~네요, ~군요
- もっと 더
- もう 이제
- ありません (물건, 건물이) 없습니다

두근두근, 스토리!

우리말→일본어 말하기 Track 09-10

로빈	오이시 씨, 지금 몇 시예요?
칸지	3시예요. 지금부터 자유 시간이에요.
로빈	아, 저기에 사슴이 많이 있어요.
칸지	근처에 시카센베이 가게가 있네요.

- 로빈과 칸지가 구입한 시카센베이를 사슴들에게 주고 있다.-

로빈	오이시 씨! 오이시 씨! 시카센베이, 더 주세요.
칸지	시카센베이? 이제 없어요.
로빈	에에~!

맛있는 회화 TIP

오 미 세 가 아 리 마 쓰 네
おみせが ありますね。 상대방에게 확인이나 공감을 얻고 싶으면?

그냥 「おみせが あります。(가게가 있습니다.)」라고 말할 수도 있지만, 이렇게 말하면 단정 지어 말하는 것처럼 강하게 들립니다. 이런 경우 문장 끝에 「ね」를 붙이면 상대방에게 확인이나 공감을 구하는 부드러운 어조로 바뀐답니다.

DAY 09 아, 저기에 사슴이 많이 있어요.

맛있는 연습 문제

1 다음 문장의 한국어를 일본어로 바꾸어 써 보세요.

① 今、몇 시ですか。
　　いま
　_____

② 오후 4시です。
　_____

③ おんせんに さるが 있어요.
　_____

④ ホテルに モクさんが 없어요.
　ほ　て　る　　　も　く
　_____

⑤ さいふに お金が 있어요.
　　　　　　　かね
　_____

⑥ たこやきに たこが 없어요.
　_____

*힌트
- ①~② → 94쪽의 **11** 번 설명 참고
- ③~⑥ → 96쪽의 **12** 번 설명 참고

Track 09-11

2 다음 문장을 듣고 빈칸에 알맞은 일본어를 써 보세요.

① _____ です。
　3시예요.

② あそこ ____ しか ____ たくさん _____ 。
　저기에 사슴이 많이 있어요.

*힌트
- ① → 94쪽의 **11** 번 설명 참고
- ② → 96쪽의 **12** 번 설명 참고

지금 떠나는 여행 속 일본
Kansai

Nara Park
나라공원

나라공원(奈良公園)은 나라(奈良)에 있는 도시 공원으로, 공원 내에는 도다이지(東大寺)를 비롯한 많은 국보 건축물과 세계문화유산, 박물관 등 볼거리가 많습니다. 또 나라공원에는 야생 사슴이 살고 있는데, 시카센베이(鹿せんべい)라는 간식을 구입해서 줄 수 있습니다. 사슴에게 간식을 줄 때에는 간식을 다 주면 더 이상 간식이 없다는 것을 사슴에게 보여 주는 것이 중요합니다. 안 그러면 사슴이 당신을 계속 따라올 수도…….

나라공원, 나만의 여행 코스!!

도다이지

나라공원 내에 있는 절, **도다이지**! 도다이지는 대불상으로 유명한데, 불상의 높이가 무려 14.7미터나 된다고 합니다.

나라마치

나라공원에서 도보로 15분, 일본의 전통 민가를 무료로 관람할 수 있는 곳이 바로 **나라마치** 격자의 집! 전통 가옥의 멋을 느낄 수 있습니다.

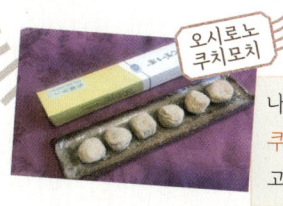
오시로노 쿠치모치

나라 사람이 추천하는 과자라면 **오시로노 쿠치모치**! 달콤한 팥소가 들어간 떡에 고소한 콩가루를 입힌 전통 과자입니다.

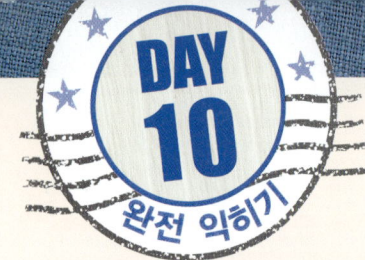

둘째 주 다시 보기 DAY 06-09

이번 주 핵심 문법 DAY 06-07

05 な형용사의 명사 수식과 기본형: [명사 수식] ～な～, [기본형] ～だ | 64쪽 |

예 <ruby>すてきな<rt>스테끼나</rt></ruby> <ruby>おみやげ<rt>오미야게</rt></ruby> [<ruby>すてきだ<rt>스테끼다</rt></ruby>, な형용사]
멋진 여행 선물

06 な형용사의 정중한 현재 표현: [긍정] ～です, [부정] ～じゃないです | 66쪽 |

예 <ruby>おみやげが<rt>오미야게가</rt></ruby> <ruby>すてきです<rt>스테끼데쓰</rt></ruby>。[<ruby>すてきだ<rt>스테끼다</rt></ruby>, な형용사]
여행 선물이 멋져요.

<ruby>けしきが<rt>케시끼가</rt></ruby> <ruby>きれいじゃないです<rt>키레-쟈 나이데쓰</rt></ruby>。[<ruby>きれいだ<rt>키레-다</rt></ruby>, な형용사]
경치가 예쁘지 않아요.

07 い형용사의 명사 수식과 기본형: [명사 수식] ～い～, [기본형] ～い | 74쪽 |

예 <ruby>おおきい<rt>오-키-</rt></ruby> <ruby>たこやき<rt>타꼬야끼</rt></ruby> [<ruby>おおきい<rt>오-키-</rt></ruby>, い형용사]
큰 다코야키

08 い형용사의 정중한 현재 표현: [긍정] ～です, [부정] ～くないです | 76쪽 |

예 <ruby>たこやきが<rt>타꼬야끼가</rt></ruby> <ruby>おおきいです<rt>오-키-데쓰</rt></ruby>。[<ruby>おおきい<rt>오-키-</rt></ruby>, い형용사]
다코야키가 커요.

<ruby>かたちが<rt>카따찌가</rt></ruby> <ruby>よくないです<rt>요꾸나이데쓰</rt></ruby>。[<ruby>いい<rt>이-</rt></ruby>, い형용사]
모양이 좋지 않아요.

실력 다지기

1 다음 문장을 일본어로 바르게 옮겨 보세요.

1 **멋진** 여행 선물

_____ おみやげ
(오미야게)

2 경치가 **예쁘지 않아요**.

けしきが _____ 。
(케시끼가)

3 다코야키가 **커요**.

たこやきが _____ 。
(타꼬야끼가)

도전! 일본어 시험 ☆ JPT, JLPT [문법] 공동 출제 ☆

2 ( ) 안에 들어갈 가장 알맞은 것을 ①·②·③·④에서 하나 고르세요.

1 おみやげが（　　　　）。

① すてきな　　　② すてきなです

③ すてきです　　④ すてきくないです

2 かたちが（　　　　）。

① いくないです　　② よくないです

③ いいじゃないです　④ よいじゃないです

＊힌트

1 な형용사의 올바른 현재 긍정 표현을 찾습니다.

2 い형용사 「いい(좋다)」의 현재 부정 표현에 주의해야 합니다.

이번 주 핵심 문법 DAY 08-09

09 목적지를 알리는 표현: **~に 行きたいんですが** | 84쪽

  예) 아사쿠사에끼니 이키따인 데쓰가
  浅草駅**に** 行きたいんですが。 아사쿠사역에 가고 싶은데요.

10 가장 가까운 장소를 묻는 표현: **一番 近い + 장소 + は + どこですか** | 86쪽

  예) 이치방 치까이 콤 비니와 도꼬데쓰 까
  一番 近い コンビニは どこですか。 가장 가까운 편의점은 어디예요?

11 시간 표현: **~時(じ)** | 94쪽

	1	2	3	4	5	6
숫자	いち	に	さん	よん/し	ご	ろく
시간	いちじ	にじ	さんじ	よじ	ごじ	ろくじ

	7	8	9	10	11	12
숫자	なな/しち	はち	きゅう/く	じゅう	じゅういち	じゅうに
시간	しちじ	はちじ	くじ	じゅうじ	じゅういちじ	じゅうにじ

오전	오후	지금	몇 시
午前(ごぜん)	午後(ごご)	今(いま)	何時(なんじ)

12 존재를 나타내는 표현: (사람, 동물) [긍정] **います**, [부정] **いません** | 96쪽

　　　　　　　　　　　　(물건, 건물) [긍정] **あります**, [부정] **ありません**

  예) 에끼니 네꼬가 이마쓰
  駅**に** ねこ**が** **います**。 [동물]
  역에 고양이가 있어요.

  사이후니 오카네가 아리마셍
  さいふ**に** お金**が** **ありません**。 [물건]
  지갑에 돈이 없어요.

실력 다지기

1 다음 문장을 일본어로 바르게 옮겨 보세요.

① 아사쿠사역에 가고 싶은데요.

_{아사쿠사에끼}
浅草駅 _____ 。

② 가장 가까운 편의점은 어디예요?

_____ _{콤 ◆ 비 니}コンビニ _____ 。

③ 역에 고양이가 있어요.

_{에끼}駅 _____ _{네 꼬}ねこ _____ 。

도전! 일본어 시험 ☆ JPT, JLPT [문법] 공동 출제 ☆

2 ( ) 안에 들어갈 가장 알맞은 것을 ①·②·③·④에서 하나 고르세요.

① そこに ねこが (　　　　)。

① います　　　　② あります
③ いいですか　　④ どこですか

② さいふに お金が (　　　　)。

① いないです　　② いません
③ ありじゃないです　④ ありません

*힌트
① 사람, 동물을 나타내는 존재 표현(긍정)에 주목해야 합니다.
② 물건, 건물을 나타내는 존재 표현(부정)에 주목해야 합니다.

 KANSAI

⭐ 우리만 알고 있는 여행 이야기

간사이

▲ 오사카를 대표하는 타워, '쓰텐카쿠'

간토(関東)와 간사이(関西), 어떤 차이점이 있을까요?

도쿄를 중심으로 한 지역을 '간토(関東)'라고 하는데, 그 말과 짝을 이루는 말이 바로 '간사이(関西)'입니다. 간사이는 오사카를 비롯하여 교토(京都), 효고(兵庫), 시가(滋賀), 나라(奈良), 와카야마(和歌山)를 포함한 지역을 가리킵니다. 간사이와 간토는 문화적, 정서적 차이를 보이는데, 재미있는 것은 일본에서 판매되는 동일한 인스턴트 면도 간사이 쪽 것은 국물 맛이 덜 짜고 담백하게 조리되어 있다고 합니다.

이것이 바로
간사이 여행을 추천하는 이유!

✓ 오사카에서는 교토, 나라, 효고 등에 있는 다른 인기 관광지에도 빠르고 쉽게 갈 수 있어서 **GOOD!!**

✓ 옛 일본 수도였던 교토, 일본의 부엌이라 불리는 오사카! 오랜 일본의 전통을 느낄 수 있어서 **GOOD!!**

✓ 웃음을 중시하는 간사이! 여행객에게도 말을 걸어주는 인심 좋은 **PLACE!!**

맛으로 만나 보는 간사이

일본 현지인이 즐기는 대표 음식을 소개합니다!

아카시야키(효고)

다코야키와 비슷하며 부드러운 맛으로 보통 시원한 국물에 찍어 먹습니다.

あー、おいしい~!

だんご

고고이치 호라이 부타만 (오사카)

오사카 사람들에게 사랑을 받고 있는 만두입니다. 돼지고기와 양파가 만들어 내는 환상적인 맛의 조화란 이런 것!

유도후(교토)

물에 다시마, 두부를 넣어서 끓여 먹는 냄비 요리로, 두부를 소스에 찍어 먹습니다.

고베 비프(효고)

효고에서 생산되는 고급 소고기 브랜드로, 일본의 3대 와규 중 하나로 손꼽힙니다.

오사카 사람처럼

'아주 맛있다~!'

멧 • 짜 오 이 시 -
めっちゃ おいしい！

오코노미야키(오사카)

밀가루 반죽에 양배추, 해산물, 고기 등을 넣고 철판에 구워서 전용 소스를 뿌려 먹습니다.

지금 맛있는 규슈를 만나러 가자!

DAY 11-15

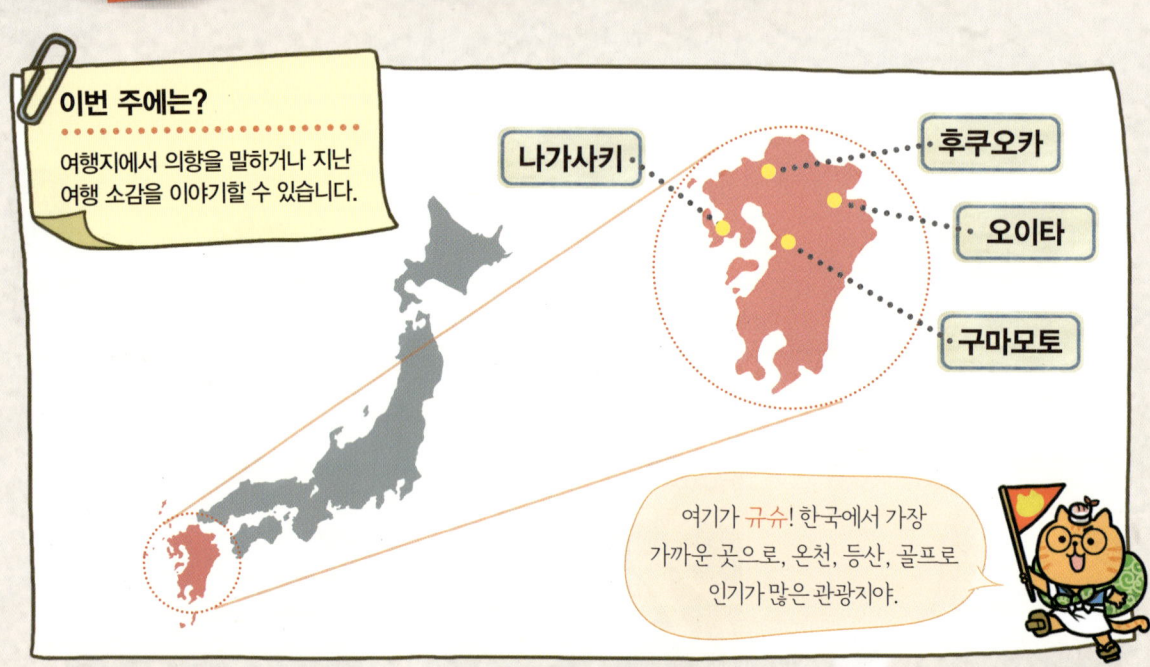

이번 주에는?
여행지에서 의향을 말하거나 지난 여행 소감을 이야기할 수 있습니다.

나가사키 · 후쿠오카 · 오이타 · 구마모토

여기가 규슈! 한국에서 가장 가까운 곳으로, 온천, 등산, 골프로 인기가 많은 관광지야.

DAY 11 후쿠오카, 덴진
동사 ます형을 배우고 상대방에게 의향을 물어보자.

DAY 12 오이타, 벳푸
동사 ます형을 마무리하고 나의 의향을 말해 보자.

DAY 13 구마모토, 아소

여행지에서 권유하거나 희망을 나타내는 동사 **ます**형 표현을 배워 보자.

DAY 14 나가사키, 메가네바시

지난 여행을 회상하는 **な·い**형용사와 동사 **ます**형의 과거 표현을 배워 보자.

DAY 15

셋째 주 DAY 11~14 복습

셋째 주에 배운 동사의 종류와 **ます**형을 활용한 권유, 희망, 과거 표현을 중심으로, 연습 문제를 풀면서 복습합니다.

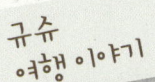

규슈 여행 이야기

규슈의 숨겨진 매력과 규슈 여행을 추천하는 이유, 그리고 규슈에서 맛볼 수 있는 대표 음식을 소개합니다.

▲ 후쿠오카에서 오이타, 벳푸로 달리는 JR 특급열차 '소닉'

의향 말하기 ❶

人気の おみせです。ちょっと 待ちますか。
인기 있는 가게예요. 조금 기다리겠어요?

지난 학습 다시 보기

시간 표현

◆ 3時です。
3시예요.

~時(じ) ~시, '몇 시'라고 시간을 물어볼 때는 「何時」라고 합니다.

존재를 나타내는 표현

◆ あそこに しかが たくさん います。
저기에 사슴이 많이 있어요.

(사람, 동물) [긍정] います 있습니다
　　　　　　[부정] いません 없습니다
(물건, 건물) [긍정] あります 있습니다
　　　　　　[부정] ありません 없습니다

Track 11-01

스토리 회화

칸지와 로빈이 규슈, 후쿠오카의 덴진에 있는 라면 가게에 왔습니다.
오늘의 스토리 회화를 먼저 한국어로 들어볼까요?

학습 포인트

★ 동사의 종류와 1그룹 동사의 ます형을 익히고, 긍정, 부정, 의문문을 배웁니다.

오늘의 여행지는?

오늘의 여행지인 덴진이 있는 후쿠오카는 한국에서 비행기로 한 시간 정도 걸리는 아주 가까운 도시입니다. 공항과 도심부가 가까워 시내 접근성이 좋은 것도 관광객들에게는 큰 장점입니다.

돈코츠라면으로 유명하기도 해!

TODAY 핵심 표현

13
촛 ・ 또 마 찌 마 쓰 까
ちょっと 待ちますか。
조금   기다리겠어요?

14
오 챠 오 노 미 마 쓰 까
お茶を 飲みますか。
차를   마시겠어요?

DAY 11 인기 있는 가게예요. 조금 기다리겠어요?

맛있는 핵심 문법

Track 11-03

13
ちょっと 待ちますか。
촛 · 또 마찌마스까
조금   기다리겠어요?

✓ 동사의 종류 – 1, 2, 3그룹 동사의 기본형

「待ちますか」는 "기다리겠어요?"라는 뜻으로, 「待ちます」 부분이 바로 우리가 배울 일본어 동사가 활용한 형태입니다. 일본어 동사는 다음 표와 같이 크게 세 가지 종류로 분류됩니다. 「待ちますか」는 기본형이 「待つ」, 즉 1그룹 동사에 속합니다.

단어
ちょっと 조금, 좀

★ 활용되는 부분을 한눈에 알 수 있도록 단어를 히라가나로 표기했습니다.

	특징	예
1그룹 동사	① 「る」로 끝나지 않는 모든 동사	まつ 기다리다, のむ 마시다, いく 가다
	② 「る」로 끝났을 경우, 앞의 모음이 [아], [우], [오] 음인 동사	すわる 앉다, つくる 만들다, とる (사진을) 찍다
2그룹 동사	「る」로 끝나고, 앞의 모음이 [이], [에] 음인 동사	みる 보다, たべる 먹다 ※예외 'かえる 돌아가(오)다, はいる 들어가(오)다'는 1그룹 동사
3그룹 동사	「くる」와 「する」 두 개뿐임	くる 오다, する 하다, ちゅうもんする 주문하다

여행 TIP

とんこつラーメン
돈코츠라면
후쿠오카의 대표 음식 중 하나로 진한 돼지뼈 국물에 가는 면을 넣은 것이 특색입니다. 따로 면 추가는 물론 면의 부드러운 정도도 주문 가능합니다.

예
- 마쯔
  待つ [1그룹] 기다리다
- 이꾸
  行く [1그룹] 가다
- 쯔꾸루
  作る [1그룹] 만들다
- 미루
  見る [2그룹] 보다
- 카에루
  ※かえる [1그룹] 돌아가(오)다
- 쿠루
  来る [3그룹] 오다
- 츄-몬·스루
  注文する [3그룹] 주문하다

- 노무
  飲む [1그룹] 마시다
- 스와루
  すわる [1그룹] 앉다
- 토루
  とる [1그룹] (사진을) 찍다
- 타베루
  食べる [2그룹] 먹다
- 하이루
  ※はいる [1그룹] 들어가(오)다
- 스루
  する [3그룹] 하다

일본어 TIP
한국어는 '돌아가다'와 '돌아오다'는 말을 따로 구별해서 쓰지만, 일본어는 구분하지 않고 「かえる」 하나의 단어만 씁니다. 「はいる」도 이와 같은 경우로, '들어가다'와 '들어오다' 모든 경우에 씁니다.

▶ 다음 |보기|와 같이 연습해 보세요.

|보기| 01	待つ → [1그룹] 기다리다

① 行く   → [   ]

② 食べる   → [   ]

③ はいる   → [   ]

④ 注文する → [   ]

⑤ 来る   → [   ]

단어
- 行く 가다
- 食べる 먹다
- はいる 들어가(오)다
- 注文する 주문하다
- 来る 오다

힌트
- ③ → 예외 동사입니다.

메뉴 주문은 내 특기 중 하나야~!

DAY 11 인기 있는 가게예요. 조금 기다리겠어요?

14

お茶を 飲みますか。
오챠오 노미마쓰까
차를   마시겠어요?

✓ 1그룹 동사의 ます형과 ～ます
[긍정] ～ます ～합니다, [부정] ～ません ～하지 않습니다

ます형이란 ます 앞에 붙는 동사의 형태를 말합니다. 1그룹 동사의 ます형은 '우'단으로 끝나는 어미를 '이'단으로 바꾸면 됩니다. 예를 들어 「飲む」의 ます형은 어미 「む」를 '이'단, 즉 「み」로 바꾼 「飲み」가 됩니다. 긍정문은 「飲み」에 「ます」를 붙여서 「飲みます」로 바꿉니다. 부정문은 「ます」를 「ません」으로 바꾸고, 의문문은 「ます」를 「ますか」로 바꾸면 됩니다.

단어
お茶 차
～を ～을/를
飲む [동1] 마시다
空港バス (bus) 공항버스
待つ [동1] 기다리다
午後 오후
行く [동1] 가다
これから 이제부터, 지금부터
ひこうき 비행기
～に 乗る ～을/를 타다

일본어 TIP
동사 ます형의 현재문은 '할 겁니다'라는 미래나 일정, 그리고 '하겠습니다'라는 의지, 의향을 나타내기도 합니다.

	기본형	만드는 방법	ます형 + ます
1그룹 동사	のむ 마시다	어미 「우」단 → 「이」단으로	のみます 마십니다
	まつ 기다리다		まちます 기다립니다
	いく 가다		いきます 갑니다
	のる 타다		のります 탑니다

空港バスを 待ちます。 [待つ, 1그룹]
쿠-코-바스오 마찌마쓰 마쯔
공항버스를 기다려요.

午後は 行きません。 [行く, 1그룹]
고고와 이끼마셍 이꾸
오후에는 가지 않아요.

これから ひこうきに 乗りますか。 [乗る, 1그룹]
코레까라 히꼬-끼니 노리마스까 노루
이제부터 비행기를 타요?

▶ 다음 |보기|와 같이 연습해 보세요.

Track 11-06

| 보기 02 | 空港バスを 待ちます。
공항버스를 기다려요. |

① 午後は　　　　　行く

② タクシーに　　　乗る

③ チケットを　　　買う

단어
空港バス (bus) 공항버스
待つ [동1] 기다리다
午後 오후
〜は 〜은/는
行く [동1] 가다
タクシー (taxi) 택시
〜に 乗る 〜을/를 타다
チケット (ticket) 티켓
買う [동1] 사다

| 보기 03 | 空港バスを 待ちません。
공항버스를 기다리지 않아요. |

① 午前は　　　　　行く

② ふねに　　　　　乗る

③ たこやきを　　　買う

단어
空港バス (bus) 공항버스
待つ [동1] 기다리다
午前 오전
ふね 배
たこやき 다코야키

DAY 11 인기 있는 가게예요. 조금 기다리겠어요?

 **맛있는 현지 회화**

 회화 듣기 Track 11-07  직접 따라 말하기 Track 11-09

☀ 로빈과 칸지가 덴진에 있는 유명한 라면 가게에 왔습니다.

로빈　うわー、人が たくさん いますね。

칸지　人気の おみせです。ちょっと 待ちますか。

로빈　もちろんです！ 待ちます。

– 라면을 먹은 후 가게 안에서 –

칸지　お茶を 飲みますか。

로빈　はい。ありがとうございます。

칸지　どうぞ。

로빈　おなかが いっぱいです。ごちそうさまでした。

 Track 11-08

단어

- うわー 우와~
- 人 사람
- たくさん 많이
- いますね 있네요
- 人気の 인기 있는
- ちょっと 조금, 좀
- 待つ [동1] 기다리다
- もちろんです 물론입니다
- お茶 차
- ~を ~을/를
- 飲む [동1] 마시다
- ありがとうございます 감사합니다
- どうぞ (음식을 건넬 때) 자 드세요
- おなかが いっぱいです 배가 부릅니다
- ごちそうさまでした 잘 먹었습니다

두근두근, 스토리!

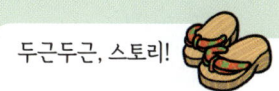

우리말→일본어 말하기

로빈   우와~. 사람이 많이 있네요.

칸지   인기 있는 가게예요. 조금 기다리겠어요?

로빈   물론이에요! 기다리겠어요.

       - 라면을 먹은 후 가게 안에서 -

칸지   차를 마시겠어요?

로빈   네. 감사합니다.

칸지   자 드세요.

로빈   배가 불러요. 잘 먹었습니다.

맛있는 회화 TIP

どうぞ。 상대방에게 자연스럽게 건네고 싶으면?

DAY07(78쪽)에서는 다코야키를, 본과에서는 차를 건네면서 쓰고 있습니다. 상대방에게 음식을 건넬 때에는 "자 드세요"로, 물건을 건넬 때에는 "이것을 쓰세요" 정도로 해석됩니다. 이 밖에도 상대방에게 자리를 권할 때나 순서를 양보할 때에도 쓸 수 있습니다.

맛있는 연습 문제

1 다음 ①~⑥을 ~ます로 바꾸어 써 보세요.

① 待つ [1그룹 동사]
_____

② 飲む [1그룹 동사]
_____

③ 行く [1그룹 동사]
_____

④ 買う [1그룹 동사]
_____

⑤ すわる [1그룹 동사]
_____

⑥ とる [1그룹 동사]
_____

*힌트

1그룹 동사 : 어미 「우」단 → 「이」단 + 「ます」
114쪽의 **14** 번 설명 참고

2 다음 문장을 듣고 빈칸에 알맞은 일본어를 써 보세요.

① ちょっと _____ 。
조금 기다리겠어요?

② お茶を _____ 。
차를 마시겠어요?

Track 11-11

*힌트

- ① → 112쪽의 **13** 번 설명 참고
- ② → 114쪽의 **14** 번 설명 참고

지금 떠나는 여행 속 일본
Kyushu

Tenjin
덴진

덴진(天神)은 후쿠오카(福岡)에 있는 규슈 최대의 번화가입니다. 후쿠오카 공항에서 덴진역까지 지하철로 11분밖에 걸리지 않는 가까운 곳이라는 점이 인기 비결 중 하나입니다. 또 규슈의 다른 지역으로 가는 고속버스가 많아서 여행 코스 중 꼭 들르게 되는 곳이기도 합니다. 해질녘 거리를 수놓는 포장마차 행렬은 후쿠오카에서만 즐길 수 있는 명물로 여행객들에게는 또 다른 추억거리를 만들어 줄 것입니다.

 **덴진, 나만의 여행 코스!!**

야타이

덴진은 역시 **야타이**! 야타이는 일본식 포장마차로, 해질녘 강가를 따라 다양한 메뉴를 자랑하는 포장마차들이 들어섭니다. 현지인들도 추천하는 덴진의 야타이로 GO! GO!

니와카 센페이

재미있는 탈 모양의 **니와카 센페이**. 지역 전통 희극에서 사용되는 탈을 본뜬 것으로, 과자에 한번 보면 잊을 수 없는 재미있는 얼굴 표정이 새겨져 있습니다!

히토쿠치 교자

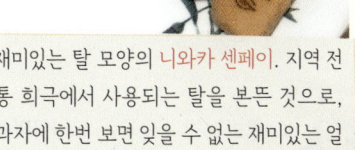

히토쿠치 교자, 말 그대로 한입 사이즈의 조그마한 군만두입니다. 겉은 파삭! 안은 육즙이 가득! 몇 개라도 먹을 수 있어요!

DAY 11 인기 있는 가게예요. 조금 기다리겠어요?

DAY 12 의향 말하기 ❷

でも、じごくむしプリンは食べます。
하지만, 지옥찜 푸딩은 먹어요.

🔸 지난 학습 다시 보기

동사의 종류 - 1, 2, 3그룹 동사의 기본형

- ちょっと 待ちますか。
  조금   기다리겠어요?

  > 「待ちますか」는 기본형이 「待つ」이므로 1그룹 동사에 속합니다.

1그룹 동사의 ます형과 〜ます

- お茶を 飲みますか。
  차를   마시겠어요?

  > [긍정] 〜ます ~합니다
  > [부정] 〜ません ~하지 않습니다

TODAY 스토리 회화

로빈과 칸지가 규슈, 오이타의 벳푸에 있는 온천을 방문했습니다.
오늘의 스토리 회화를 먼저 한국어로 들어볼까요?

Track 12-01

TODAY 학습 포인트

★ 2그룹과 3그룹 동사의 ます형을 익히고, 긍정, 부정, 의문문을 배웁니다.

오늘의 여행지는?

오늘의 여행지인 오이타, **벳푸**는 일본에서도 온천용수량이 가장 많은 유명한 **온천도시**로, 바다의 절경을 바라보며 온천욕을 즐길 수 있습니다.

아~, 천국이 따로 없네~!

TODAY 핵심 표현

15 でも、じごくむしプリンは 食べます。
데모 지고꾸무시푸링 와 타베마쓰
하지만, 지옥찜 푸딩은 먹어요.

16 じごくめぐりツアーを 予約します。
지고꾸메구리쯔아-오 요야꾸시마쓰
지옥 순례 투어를 예약할게요.

DAY 12 하지만, 지옥찜 푸딩은 먹어요.

맛있는 핵심 문법

Track 12-03

15
데모 지고꾸무시푸링 와 타베마쓰
でも、じごくむしプリンは 食べます。
하지만, 지옥찜 푸딩은 먹어요.

✓ 2그룹 동사의 ます형과 〜ます
[긍정] 〜ます 〜합니다, [부정] 〜ません 〜하지 않습니다

2그룹 동사의 ます형은 어미 「る」만 빼 버리면 됩니다. 예를 들어 「食べる」의 ます형은 어미 「る」를 뺀 「食べ」가 됩니다. 긍정문은 「食べ」에 「ます」를 붙여서 「食べます」로 바꿉니다. 부정문은 「ます」를 「ません」으로 바꾸고, 의문문은 「ます」를 「ますか」로 바꾸면 됩니다.

	기본형	만드는 방법	ます형 + ます
2그룹 동사	たべる 먹다	어미 「る」를 삭제	たべます 먹습니다
	みる 보다		みます 봅니다
	おきる 일어나다		おきます 일어납니다
	のりかえる 갈아타다		のりかえます 갈아탑니다

단어
でも 하지만
じごくむしプリン (pudding) 지옥찜 푸딩
〜は 〜은/는
地図 지도
食べる [동2] 먹다
〜を 〜을/를
見る [동2] 보다
〜に 〜에
起きる [동2] 일어나다
駅 역
〜で 〜에서
乗りかえる [동2] 갈아타다

예
치즈오 미마쓰 미루
地図を 見ます。 [見る, 2그룹]
지도를 봐요.

시치지니 오키마셍 오키루
7時に 起きません。 [起きる, 2그룹]
7시에 일어나지 않아요.

코노 에끼데 노리카에마쓰까 노리카에루
この 駅で 乗りかえますか。 [乗りかえる, 2그룹]
이 역에서 갈아타요?

 일본어 TIP

조사 「に」는 '〜(으)로 가다'라고 할 때는 방향을, '〜에 있다'라고 할 때는 장소를, '〜을/를 타다'라고 할 때는 교통수단을, '〜시에'라고 할 때는 시간·때를 나타냅니다.

▶ 다음 |보기|와 같이 연습해 보세요.

Track 12-04

|보기| 01	地図を 見ます。
	지도를 봐요.

① 7時に　　　　　　起きる

② この 駅で　　　　乗りかえる

③ もう　　　　　　寝る

단어
地図 지도
見る [동2] 보다
~に ~에
起きる [동2] 일어나다
この 이
駅 역
~で ~에서
乗りかえる [동2] 갈아타다
もう 이제
寝る [동2] 자다

|보기| 02	地図を 見ません。
	지도를 보지 않아요.

① １２時に　　　　　起きる

② この バスていで　　乗りかえる

③ まだ　　　　　　　寝る

단어
~に ~에
起きる [동2] 일어나다
バスてい (bus) 버스 정류장
乗りかえる [동2] 갈아타다
まだ 아직 (~하지 않다)
寝る [동2] 자다

DAY 12　하지만, 지옥찜 푸딩은 먹어요.

16

지고꾸메구리쯔아- 오 요야꾸시마쓰
じごくめぐりツアーを 予約します。
지옥 순례 투어를 예약할게요.

✓ 3그룹 동사의 ます형과 ～ます

[긍정] ～ます ～합니다, [부정] ～ません ～하지 않습니다

3그룹 동사는 불규칙으로 활용하기 때문에 통째로 외워야 합니다. 특히 「する」는 「予約する(예약하다)」나 「キャンセルする(취소하다)」와 같이 한자어나 외래어 명사와 결합되어 쓰이는 경우가 많습니다. 긍정문에는 「ます」를, 부정문에는 「ません」을, 의문문에는 「ますか」를 붙이는 것은 1, 2그룹 동사와 같습니다.

단어

じごくめぐりツアー
(tour) 지옥 순례 투어

～を ～을/를

予約する [동3] 예약하다

おみせ 가게

人 사람

来る [동3] 오다

芸能人 연예인

温泉 온천

キャンセルする
(cancel) [동3] 취소하다

	기본형	만드는 방법	ます형 + ます
3그룹 동사	くる 오다	불규칙하므로 통째로 외우기	きます 옵니다
	する 하다		します 합니다
	予約する 예약하다		予約します 예약합니다
	キャンセルする 취소하다		キャンセルします 취소합니다

예)
오 미 세 노 히또가 키 마 쓰 쿠루
おみせの 人が 来ます。 [来る, 3그룹]
가게 사람이 와요.

게-노-징가 키 마 셍 쿠루
芸能人が 来ません。 [来る, 3그룹]
연예인이 오지 않아요.

온 센 쯔아-오 캰 세루시마쓰까 캰 세루스루
温泉ツアーを キャンセルしますか。 [キャンセルする, 3그룹]
온천 투어를 취소해요?

여행 TIP

じごくめぐり
지옥 순례

벳푸 온천의 유명 관광 코스 중 하나입니다. 8개의 특색 있는 온천이 만들어 내는 지옥탕을 직접 볼 수 있습니다.

▶ 다음 |보기|와 같이 연습해 보세요.

|보기|
03 おみせの 人(ひと)が 来(き)ます。
가게 사람이 와요.

① 芸能人(げいのうじん)が　　　　来(く)る

② 温泉(おんせん)ツアーを　　　キャンセルする

③ ひこうきの チケットを　予約(よやく)する

단어
人(ひと) 사람
来(く)る [동3] 오다
芸能人(げいのうじん) 연예인
温泉(おんせん)ツアー (tour) 온천 투어
キャンセルする (cancel) [동3] 취소하다
ひこうき 비행기
チケット (ticket) 티켓
予約(よやく)する [동3] 예약하다

|보기|
04 おみせの 人(ひと)が 来(き)ません。
가게 사람이 오지 않아요.

① 空港(くうこう)バスが　　　　来(く)る

② ホテルを　　　　　　　キャンセルする

③ かんこうツアーを　　　予約(よやく)する

단어
来(く)る [동3] 오다
空港(くうこう)バス (bus) 공항버스
ホテル (hotel) 호텔
キャンセルする (cancel) [동3] 취소하다
かんこうツアー (tour) 관광 투어
予約(よやく)する [동3] 예약하다

DAY 12 하지만, 지옥찜 푸딩은 먹어요.

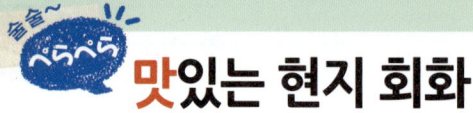 맛있는 현지 회화

 회화 듣기 Track 12-07
 직접 따라 말하기 Track 12-09

☀ 로빈과 칸지가 벳푸 온천을 둘러보고 있습니다.

로빈 あ、あの おみせに 温泉卵が あります。
大石さんは 温泉卵を 食べますか。

칸지 うーん、温泉卵は ちょっと……。
でも、じごくむしプリンは 食べます。

로빈 じごくむしプリン？

칸지 はい、じごくめぐりの 名物です。

로빈 いいですね。

칸지 じゃ、じごくめぐりツアーを 予約します。

로빈 おねがいします。

 Track 12-08

단어

- ～に ～에
- 温泉卵 온천 달걀(온천에 넣어 익힌 반숙 달걀)
- 食べる [동2] 먹다
- うーん 음~
- ちょっと 조금, 좀
- でも 하지만
- じごくむしプリン (pudding) 지옥찜 푸딩
- じごくめぐり 지옥 순례
- 名物 명물
- いいですね 좋네요
- ツアー (tour) 투어
- 予約する [동3] 예약하다

두근두근, 스토리!

우리말→일본어 말하기　Track 12-10

로빈　아, 저 가게에 온천 달걀이 있어요.
　　　오이시 씨는 온천 달걀을 먹어요?
칸지　음~, 온천 달걀은 좀…….
　　　하지만, 지옥찜 푸딩은 먹어요.
로빈　지옥찜 푸딩?
칸지　네, 지옥 순례의 명물이에요.
로빈　좋네요.
칸지　그럼, 지옥 순례 투어를 예약할게요.
로빈　부탁합니다.

맛있는 회화 TIP

うーん　부정적인 대답을 가능한 피하고 싶으면?

일본 사람들은 말할 때 「うーん(음)」과 같은 말을 넣어서 명확하게 말하는 것을 피하는 경우가 많습니다. 이것은 상대방의 생각이나 기대에 어긋나는 대답을 해서 상대방의 마음을 상하게 하고 싶지 않다는 심리가 작용하기 때문입니다.

DAY 12　하지만, 지옥찜 푸딩은 먹어요.

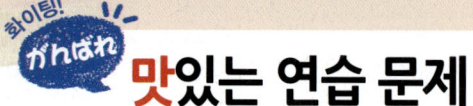 **맛있는 연습 문제**

1 다음 ①~⑥을 ~ます로 바꾸어 써 보세요.

① 食べる [2그룹 동사]

　_____

② 起きる [2그룹 동사]

　_____

③ 乗りかえる [2그룹 동사]

　_____

④ 来る [3그룹 동사]

　_____

⑤ 予約する [3그룹 동사]

　_____

⑥ キャンセルする [3그룹 동사]

　_____

> ***힌트**
> • ①~③ → 2그룹 동사 : 어미 「る」→「ます」
> 　122쪽의 **15** 번 설명 참고
> • ④~⑥ → 3그룹 동사 :「くる」→「きます」,「する」→「します」
> 　124쪽의 **16** 번 설명 참고

2 다음 문장을 듣고 빈칸에 알맞은 일본어를 써 보세요.

① でも、じごくむしプリンは _____ 。
　하지만, 지옥찜 푸딩은 먹어요.

② じごくめぐりツアーを _____ 。
　지옥 순례 투어를 예약할게요.

> ***힌트**
> • ① → 122쪽의 **15** 번 설명 참고
> • ② → 124쪽의 **16** 번 설명 참고

지금 떠나는 여행 속 일본
Kyushu

Beppu
벳푸

벳푸는 오이타(大分)에 있는 온천 도시입니다. 벳푸에 도착하면 곳곳에서 모락모락 피어오르는 온천 수증기를 볼 수 있습니다. 벳푸 시내에는 수백 개의 온천이 있는데, 벳푸핫토(別府八湯)라고 칭하는 8개의 온천 지구를 중심으로 분포되어 있습니다. 같은 지역에 있어도 역사가 다른 만큼 온천수의 효능이나 정취도 각자 다르답니다.

 벳푸, 나만의 여행 코스!!

치노이케 지고쿠

지옥 순례의 하나, 치노이케 지고쿠! 온천수가 붉은 것은 온천의 화학 반응 때문이랍니다. '피의 연못 지옥'이라는 무시무시한 이름이 붙은 이유 아시겠죠?

유노하나

벳푸의 여행 선물은 유노하나! 온천 성분의 결정체가 가루로 되어 있어 집에서 일본 온천을 즐길 수 있습니다!

지옥찜 푸딩
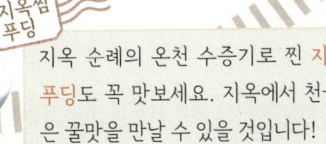

지옥 순례의 온천 수증기로 찐 지옥찜 푸딩도 꼭 맛보세요. 지옥에서 천국 같은 꿀맛을 만날 수 있을 것입니다!

DAY 12 하지만, 지옥찜 푸딩은 먹어요.

 **권유와 희망 말하기**

あしたは 阿蘇に 行きませんか。
내일은 아소에 가지 않을래요?

 **다시 보기**

2그룹 동사의 ます형과 ～ます

- でも、じごくむしプリンは 食べます。
  하지만.　　　지옥찜 푸딩은　　　　먹어요.

> [긍정] ～ます ~합니다
> [부정] ～ません ~하지 않습니다

3그룹 동사의 ます형과 ～ます

- じごくめぐりツアーを 予約します。
  지옥 순례 투어를　　　　예약할게요.

> [긍정] きます 옵니다, します 합니다
> [부정] きません 오지 않습니다
>   しません 하지 않습니다

 **스토리 회화**

로빈과 칸지가 규슈, 구마모토의 아소에 가려고 합니다.
오늘의 스토리 회화를 먼저 한국어로 들어볼까요?

 Track 13-01

학습 포인트

★ 동사 ます형을 활용한 권유 표현과 희망 표현을 배웁니다.

오늘의 여행지는?

오늘의 여행지인 구마모토, 아소는 활화산인 아소산이 있지만, 웅대한 자연의 혜택도 함께 받은 곳으로 자연자원이 풍부하며 관광과 레저 스포츠로도 인기 있는 곳입니다.

열기구 타보는게 내 꿈이라고~!

TODAY 핵심 표현

17 あしたは 阿蘇に 行きませんか。
아시타와 아소니 이끼마셍·까
내일은 아소에 가지 않을래요?

18 阿蘇の 草千里に 行きたいです。
아소노 쿠사센·리니 이끼따이데쓰
아소의 구사센리에 가고 싶어요.

맛있는 핵심 문법

Track 13-03

17
あしたは 阿蘇に 行きませんか。
아시타와 아소니 이끼마셍・까
내일은   아소에   가지 않을래요?

✓ 동사의 ます형을 활용한 권유 표현
~ませんか ~하지 않겠습니까?

동사의 ます형에 「ませんか」를 붙이면 '~하지 않겠습니까?', '~하지 않을래요?'와 같이 상대방에게 권유하는 표현이 됩니다. 예를 들어 「行く(가다)」의 ます형인 「行き」에 「ませんか」를 붙여서 「行きませんか」로 바꾸면 "가지 않을래요?"라는 뜻이 됩니다.

단어
あした 내일
~は ~은/는
阿蘇 아소(지명)
~に ~에
地下鉄 지하철
~に 乗る ~을/를 타다
たこやき 다코야키

	기본형	만드는 방법	ます형 + ませんか
1그룹 동사	いく 가다	ます형+「ませんか」	いきませんか 가지 않겠습니까?
	のる 타다		のりませんか 타지 않겠습니까?
2그룹 동사	たべる 먹다		たべませんか 먹지 않겠습니까?
3그룹 동사	くる 오다		きませんか 오지 않겠습니까?

예) 地下鉄に 乗りませんか。 [乗る, 1그룹]
치 까테쯔니 노리마셍・까 / 노루
지하철을 타지 않을래요?

たこやきを 食べませんか。 [食べる, 2그룹]
타꼬야끼오 타베마셍・까 / 타베루
다코야키를 먹지 않을래요?

あした 来ませんか。 [来る, 3그룹]
아시타 키마셍・까 / 쿠루
내일 오지 않을래요?

일본어 TIP
한국어는 '버스를 타다'와 같이 '타다'라는 말 앞에는 조사 '~을/를'을 쓰는데, 일본어는 「~に 乗る」와 같이 조사 「に」를 씁니다. 한국어와 혼동하여 「~を 乗る」라고 하지 않도록 조심하세요.

▶ 다음 |보기|와 같이 연습해 보세요.

보기 01	地下鉄に 乗りませんか。
	지하철을 타지 않을래요?

① じごくめぐりに　　行く

② たこやきを　　　　食べる

③ あした　　　　　　来る

④ 温泉ツアーを　　　予約する

단어

地下鉄 지하철
~に 乗る ~을/를 타다
じごくめぐり 지옥 순례
あした 내일
温泉ツアー (tour) 온천 투어
~を ~을/를
予約する 동3 예약하다

じごくめぐり, 나도 갈래~!

18. 阿蘇の 草千里に 行きたいです。
아소노 쿠사센리니 이끼따이데쓰
아소의 구사센리에 가고 싶어요.

✓ 동사의 ます형을 활용한 희망 표현

[긍정] ~たいです ~하고 싶습니다, [부정] ~たくないです ~하고 싶지 않습니다

동사의 ます형에 「たいです」를 붙이면 '~하고 싶습니다', '~하고 싶어요'와 같이 나의 희망을 전하는 표현이 됩니다. 예를 들어 「行く(가다)」는 ます형인 「行き」에 「たいです」를 붙여서 「行きたいです」로 바꾸면 "가고 싶어요"라는 뜻이 됩니다. 부정문은 「たいです」를 「たくないです」로 바꾸고, 긍정 의문문은 「たいですか」, 부정 의문문은 「たくないですか」로 바꾸면 됩니다.

단어

- 阿蘇 아소(지명)
- 草千里 구사센리(지명)
- ~に ~에
- しんかんせん 신칸센(일본 주요 도시를 연결하는 JR사의 고속철도)
- ラーメン (拉面) 라면
- ~を ~을/를
- この 이
- ツアー (tour) 투어

	기본형	만드는 방법	ます형 + たいです
1그룹 동사	いく 가다	ます형+「たいです」	いきたいです 가고 싶습니다
	のる 타다		のりたいです 타고 싶습니다
2그룹 동사	たべる 먹다		たべたいです 먹고 싶습니다
3그룹 동사	予約する 예약하다		予約したいです 예약하고 싶습니다

예)
しんかんせんに 乗りたいです。 [乗る, 1그룹]
신칸센을 타고 싶어요.

ラーメンを 食べたくないです。 [食べる, 2그룹]
라면을 먹고 싶지 않아요.

この ツアーを 予約したいですか。 [予約する, 3그룹]
이 투어를 예약하고 싶어요?

여행 TIP

阿蘇火山博物館 아소화산박물관

아소에 있는 화산 박물관입니다. 아소산 소개는 물론 분화구의 현재 상태를 실시간 모니터로 관찰할 수 있습니다.

▶ 다음 |보기|와 같이 연습해 보세요.

| |보기| 02 | しんかんせんに 乗りたいです。
신칸센을 타고 싶어요. |

① ラーメンを　　　　食べる

② この ツアーを　　　予約する

③ また　　　　　　　来る

단어
しんかんせん 신칸센(일본 주요 도시를 연결하는 JR사의 고속철도)
～に 乗る ～을/를 타다
～を ～을/를
食べる [동2] 먹다
この 이
ツアー (tour) 투어
予約する [동3] 예약하다
また 또
来る [동3] 오다

| |보기| 03 | しんかんせんに 乗りたくないです。
신칸센을 타고 싶지 않아요. |

① すしを　　　　　　食べる

② ホテルを　　　　　予約する

③ もう　　　　　　　来る

단어
～に 乗る ～을/를 타다
すし 초밥
食べる [동2] 먹다
ホテル (hotel) 호텔
予約する [동3] 예약하다
もう 이제
来る [동3] 오다

 **맛**있는 현지 회화

 회화 듣기 Track 13-07    직접 따라 말하기 Track 13-09

☀ 로빈과 칸지가 아소 관광 계획을 세우고 있습니다.

로빈　あしたは 阿蘇に 行きませんか。

칸지　いいですね。

로빈　阿蘇の 草千里に 行きたいです。

칸지　馬が 有名な 草千里ですか。

로빈　ええ。いっしょに 馬に 乗りませんか。

칸지　はい。

― 잡지에 실린 기사를 가리키며 ―

　　　　あと、これ 食べたいです。

로빈　あか牛丼ですか。

칸지　はい。阿蘇名物の あか牛丼です。

 Track 13-08

단어

- あした 내일
- 阿蘇 아소(지명)
- ～に 行く ～에 가다
- いいですね 좋네요
- 草千里 구사센리(지명)
- 馬 말
- 有名だ [な형] 유명하다
- ええ 네, 예 (상대방의 말에 동의를 나타냄)
- いっしょに 같이, 함께
- ～に 乗る ～을/를 타다
- あと 그리고
- 食べる [동1] 먹다
- あか牛丼 아카우시덮밥
- 阿蘇名物 아소 명물

136　맛있는 일본어 독학 첫걸음

두근두근, 스토리!

우리말→일본어 말하기 Track 13-10

로빈: 내일은 아소에 가지 않을래요?
칸지: 좋네요.
로빈: 아소의 구사센리에 가고 싶어요.
칸지: 말이 유명한 구사센리요?
로빈: 네. 같이 말을 타지 않을래요?
칸지: 네.

- 잡지에 실린 기사를 가리키며 -

그리고, 이거 먹고 싶어요.
로빈: 아카우시덮밥이에요?
칸지: 네. 아소 명물, 아카우시덮밥이에요.

맛있는 회화 TIP

ええ 상대방의 말에 동의한다면?

상대방의 말에 '맞아요', '그래요'라고 동의하는 긍정적인 대답을 할 때에는 「はい」 대신에 「ええ」라는 말을 쓸 수 있습니다. 발음은 [에~]로 장음으로 길게 발음하면 됩니다.

DAY 13 내일은 아소에 가지 않을래요?

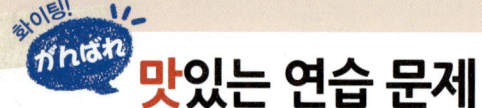 

맛있는 연습 문제

1 다음 ①~③을 ~ませんか로, ④~⑥을 ~たいです로 바꾸어 써 보세요.

① 行く [1그룹 동사]
　_____

② 食べる [2그룹 동사]
　_____

③ 来る [3그룹 동사]
　_____

④ 乗る [1그룹 동사]
　_____

⑤ 見る [2그룹 동사]
　_____

⑥ 予約する [3그룹 동사]
　_____

힌트
- ①~③ → 132쪽의 17번 설명 참고
- ④~⑥ → 134쪽의 18번 설명 참고

2 다음 문장을 듣고 빈칸에 알맞은 일본어를 써 보세요.

① あしたは 阿蘇に _____ 。
　내일은 아소에 가지 않을래요?

② 阿蘇の 草千里に _____ 。
　아소의 구사센리에 가고 싶어요.

힌트
- ① → 132쪽의 17번 설명 참고
- ② → 134쪽의 18번 설명 참고

지금 떠나는 여행 속 일본
Kyushu

Aso
아소

아소(阿蘇)는 구마모토(熊本)에 있는 도시로, 활화산인 '아소산'으로 유명합니다. 두려움을 느끼게 하는 화산이지만 한편으로는 아름다운 풍경과 온천 등 충분한 자연의 혜택을 누릴 수 있는 곳이기도 합니다. 아소의 대표 명소인 구사센리(草千里)는 광활한 자연 속에서 자유롭게 달리고 있는 말들의 모습에서 목가적이며 환상적인 풍경을 체험할 수 있는 곳입니다.

아소, 나만의 여행 코스!!

나베가 타키

자연이 만든 물의 커튼, 나베가 타키! 폭포를 돌아 안쪽으로 들어갈 수 있는데, 쏟아지는 물줄기 사이사이로 보이는 경치는 매우 환상적입니다!

토마토 케첩

아소의 자연이 준 선물, 완숙 토마토 케첩! 한번 먹어 보면 잊을 수 없는 토마토의 진~한 맛! 일본에서도 인기 만점입니다!

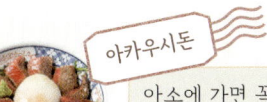

아카우시돈

아소에 가면 꼭 먹어 보고 싶은 아카우시돈! 와규인 아카우시 소고기를 얹은 덮밥 요리입니다. 반숙 달걀 토핑 굿~!

DAY 13 내일은 아소에 가지 않을래요?

DAY 14 지난 소감 말하기

長崎ちゃんぽんが とても おいしかったです。
나가사키짬뽕이 아주 맛있었어요.

지난 학습 다시 보기

동사의 ます형을 활용한 권유 표현

◆ あしたは 阿蘇に 行きませんか。
　 내일은　　아소에　　가지 않을래요?

~ませんか ~하지 않겠습니까?

동사의 ます형을 활용한 희망 표현

◆ 阿蘇の 草千里に 行きたいです。
　 아소의　구사센리에　　가고 싶어요.

[긍정] ~たいです ~하고 싶습니다
[부정] ~たくないです ~하고 싶지 않습니다

Track 14-01

칸지와 로빈이 규슈, 나가사키의 메가네바시에서 지난 여행에 대한 소감을 말하고 있습니다. 오늘의 스토리 회화를 먼저 한국어로 들어볼까요?

★ な・い형용사, 동사 ます형의 과거 표현을 배웁니다.

오늘의 여행지는?

오늘의 여행지인 나가사키는 총면적의 45%가 작은 섬으로 이루어진 아름다운 곳입니다. 옛날 국제 항구 도시였던 영향으로 유럽과 중국의 문화가 녹아 있어 일본에서도 이국적인 분위기를 느낄 수 있습니다.

카스텔라의 달콤한 맛! 꿀맛이네~.

TODAY 핵심 표현

19
나가사키 챰・뽕・가 토떼모 오이시깟・따데쓰
長崎ちゃんぽんが とても おいしかったです。
나가사키짬뽕이 아주 맛있었어요.

20
카스테라오 타쿠상・카이마시따
カステラを たくさん 買いました。
카스텔라를 많이 샀어요.

DAY 14 나가사키짬뽕이 아주 맛있었어요.

맛있는 핵심 문법

19

나가사키	챰	뽕	가	토떼모	오이시깟	따데쓰

長崎ちゃんぽんが とても おいしかったです。
나가사키짬뽕이   아주   맛있었어요.

✓ な・い형용사의 정중한 과거 표현

な형용사 – [긍정] ~でした ~했습니다
　　　　　[부정] ~じゃなかったです ~하지 않았습니다
い형용사 – [긍정] ~かったです ~었습니다
　　　　　[부정] ~くなかったです ~지 않았습니다

な형용사의 과거를 나타낼 때, 긍정문은 기본형 어미 「だ」를 「でした」로 바꾸고, 부정문은 「じゃなかったです」로 바꾸면 됩니다.
い형용사의 경우, 긍정문은 기본형 어미 「い」를 「かったです」로 바꾸고, 부정문은 「くなかったです」로 바꾸면 됩니다. 예를 들어 い형용사 「おいしい(맛있다)」의 과거 긍정은 「い」를 「かったです」로 바꾸면 「おいしかったです」가 됩니다.

단어

長崎ちゃんぽん 나가사키짬뽕
とても 아주
ひこうき 비행기
チケット (ticket) 티켓
高い [い형] 비싸다
駅 역
~から ~에서, ~부터
遠い [い형] 멀다

	기본형	만드는 방법	과거 긍정	과거 부정
な형용사	すてきだ 멋지다	어미 「だ」 → 「でした」, 「じゃなかったです」	すてきでした 멋졌습니다	すてきじゃなかったです 멋지지 않았습니다
い형용사	おいしい 맛있다	어미 「い」 → 「かったです」, 「くなかったです」	おいしかったです 맛있었습니다	おいしくなかったです 맛있지 않았습니다

일본어 TIP
「~じゃなかったです」는 「~じゃありませんでした」라고도 하고, 「~くなかったです」는 「~くありませんでした」라고도 합니다. 각각 서로 뜻은 같은데, 격식을 갖추지 않은 일상적인 회화에서는 「~じゃなかったです」와 「~くなかったです」쪽을 많이 사용합니다.

　　호 테 루 가　스 테 끼 데 시 따　　스 테 끼 다　나
ホテルが すてきでした。 [すてきだ, な형용사]
호텔이 멋졌어요.

　　히 꼬-끼 노　치 켓　또 가　타까캇　　따 데 쓰　　타까이　이
ひこうきの チケットが 高かったです。 [高い, い형용사]
비행기 티켓이 비쌌어요.

　　에끼 까 라　토-꾸 나 깟　　따 데 쓰　　　토-이　이
駅から 遠くなかったです。 [遠い, い형용사]
역에서 멀지 않았어요.

일본어 TIP
い형용사 「いい(좋다)」의 과거 긍정은 「よかったです(좋았습니다)」, 과거 부정은 「よくなかったです(좋지 않았습니다)」로 활용되므로 주의하세요.

▶ 다음 |보기|와 같이 연습해 보세요.

Track 14-04

|보기|
01 ホテルが すてきでした。
호텔이 멋졌어요.

① ツアーが　　　　　　　　　大変だ

② 空港バスの チケットが　　　高い

③ しんかんせんの 駅が　　　　遠い

단어
すてきだ [な형] 멋지다
ツアー (tour) 투어
大変だ [な형] 힘들다
空港バス (bus) 공항버스
チケット (ticket) 티켓
高い [い형] 비싸다
しんかんせん 신칸센(일본 주요 도시를 연결하는 JR사의 고속철도)
駅 역
遠い [い형] 멀다

|보기|
02 ホテルが すてきじゃなかったです。
호텔이 멋지지 않았어요.

① ツアーの キャンセルが　　　大変だ

② 長崎の おみやげが　　　　　高い

③ 駅から ホテルが　　　　　　遠い

단어
すてきだ [な형] 멋지다
キャンセル (cancel) 취소
大変だ [な형] 힘들다
長崎 나가사키(지명)
おみやげ 여행 선물
高い [い형] 비싸다
~から ~에서, ~부터
遠い [い형] 멀다

DAY 14 나가사키짬뽕이 아주 맛있었어요.

20

카 스 테 라 오　타 쿠 상·　카 이 마 시 따
カステラを たくさん 買いました。
카스텔라를　　　　많이　　　　　샀어요.

✓ 동사 ~ます의 과거 표현

[긍정] ~ました ~했습니다, [부정] ~ませんでした ~하지 않았습니다

동사 ~ます의 과거 표현을 나타낼 때, 긍정문은 「ます형+ます」에서 「ます」 대신에 「ました」를 붙이고, 부정문은 「ませんでした」를 붙이면 됩니다. 예를 들어 1그룹「買う(사다)」의 과거 긍정은 ます형「買い」에 「ました」를 붙여서「買いました」로 바꾸면 됩니다.

단어

カステラ (castela) 카스텔라
~を ~을/를
たくさん 많이
~に ~(으)로
乗りかえる [동2] 갈아타다
お昼 점심 (식사)
この 이
予約する [동3] 예약하다
きのう 어제
だれも 아무도
来る [동3] 오다

	기본형	만드는 방법	과거 긍정	과거 부정
모든 동사	買う 사다	ます형+「ました」, 「ませんでした」	買いました 샀습니다	買いませんでした 사지 않았습니다

예
싱·칸·센·니 노리카에마시따　　　노리카에루
しんかんせんに 乗りかえました。[乗りかえる, 2그룹]
신칸센으로 갈아탔어요.

오히루오　타베마셍·데시따　　타베루
お昼を 食べませんでした。[食べる, 2그룹]
점심을 먹지 않았어요.

코노 쯔아-오　요야꾸시마시따　　요야꾸스루
この ツアーを 予約しました。[予約する, 3그룹]
이 투어를 예약했어요.

키노-와 다레모 키마셍·데시따　　쿠루
きのうは だれも 来ませんでした。[来る, 3그룹]
어제는 아무도 오지 않았어요.

여행 TIP

カステラ 카스텔라

카스텔라는 16세기경 포르투갈에서 일본으로 전해진 과자가 개량되어 만들어진 것입니다. 일본에서는 나가사키가 카스텔라의 본고장으로 유명합니다.

▶ 다음 |보기|와 같이 연습해 보세요.

|보기|
03 しんかんせんに 乗りかえました。
신칸센으로 갈아탔어요.

① ラーメンを　　　食べる

② この ツアーを　　予約する

③ きのうは　　　　来る

단어

しんかんせん
신칸센(일본 주요 도시를 연결하는 JR사의 고속철도)

乗りかえる [동2] 갈아타다

ラーメン (拉面) 라면

〜を 〜을/를

ツアー (tour) 투어

予約する [동3] 예약하다

きのう 어제

来る [동3] 오다

|보기|
04 しんかんせんに 乗りかえませんでした。
신칸센으로 갈아타지 않았어요.

① 長崎ちゃんぽんを　　食べる

② ホテルを　　　　　　予約する

③ だれも　　　　　　　来る

단어

乗りかえる [동2] 갈아타다

長崎ちゃんぽん
나가사키짬뽕

食べる [동2] 먹다

ホテル (hotel) 호텔

予約する [동3] 예약하다

だれも 아무도

来る [동3] 오다

 맛있는 현지 회화

☀ 칸지와 로빈이 메가네바시에서 이야기하고 있습니다.

칸지 お昼、どうでしたか。

로빈 長崎ちゃんぽんが とても おいしかったです。

칸지 おみせも すてきでしたね。

로빈 おみやげは 買いましたか。

칸지 はい。カステラを たくさん 買いました。

로빈 カステラ！ わたしも 買いたいです。

칸지 じゃ、これ ひとつ どうぞ。わたしの 気持ちです。

단어

- お昼 점심 (식사)
- どうでしたか 어땠습니까?
- 長崎ちゃんぽん 나가사키짬뽕
- とても 아주
- おみせ 가게
- 〜も 〜도
- 〜ね 〜네요, 〜군요
- カステラ (castela) 카스텔라
- たくさん 많이
- わたし 저, 나
- じゃ 그럼
- どうぞ (건넬 때) 자 받으세요
- わたしの 제, 내
- 気持ち 마음

두근두근, 스토리!

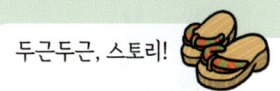

우리말→일본어 말하기  Track 14-10

칸지 점심 식사, 어땠어요?
로빈 나가사키짬뽕이 아주 맛있었어요.
칸지 가게도 멋졌지요.
로빈 여행 선물은 샀어요?
칸지 네. 카스텔라를 많이 샀어요.
로빈 카스텔라! 저도 사고 싶어요.
칸지 그럼, 이거 하나 받으세요. 제 마음이에요.

맛있는 회화 TIP

どうでしたか。 상대방에게 소감을 물어보고 싶으면?

상대방에게 여행이나 먹은 음식 등에 대한 소감을 물어보고 싶을 때 「どうでしたか。(어땠어요?)」라는 표현을 쓸 수 있습니다. 지난 일에 대한 질문이므로 대답은 당연히 과거 표현을 써서 말해야 합니다.

DAY 14 나가사키짬뽕이 아주 맛있었어요.

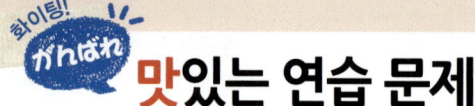

맛있는 연습 문제

1 다음 ①~⑥을 긍정의 과거 표현으로 바꾸어 써 보세요.

① すてきだ [な형용사]

　_____

② 高い [い형용사]

　_____

③ 遠い [い형용사]

　_____

④ 買う [1그룹 동사]

　_____

⑤ 食べる [2그룹 동사]

　_____

⑥ 来る [3그룹 동사]

　_____

> *힌트
> • ①~③ → 142쪽의 19 번 설명 참고
> • ④~⑥ → 144쪽의 20 번 설명 참고

2 다음 문장을 듣고 빈칸에 알맞은 일본어를 써 보세요.

① 長崎ちゃんぽんが とても _____ 。
　나가사키짬뽕이 아주 맛있었어요.

② カステラを たくさん _____ 。
　카스텔라를 많이 샀어요.

> *힌트
> • ① → 142쪽의 19 번 설명 참고
> • ② → 144쪽의 20 번 설명 참고

지금 떠나는 여행 속 일본
Kyushu

Nagasaki
나가사키

나가사키(長崎)에 있는 메가네바시(眼鏡橋)는 17세기에 만들어진 일본 최초의 아치형 돌다리입니다. 강물에 떠 있는 다리와 수면에 비치는 다리의 그림자가 서로 이어져서 둥근 모양을 이루는 것에서 '메가네바시' 즉 '안경 다리'라는 이름으로 불리게 되었습니다. 메가네바시의 또 하나의 특징은 다리 근처에 하트 모양의 돌이 박혀 있는데, 그것을 찾으면 사랑이 이루어진다고 합니다.

나가사키, 나만의 여행 코스!!

구라바엔

이국적인 느낌의 주택과 아름다운 정원의 **구라바엔**! 높은 언덕에 위치해 있어 나가사키 시내와 바다를 한눈에 바라볼 수 있습니다!

란탄 페스티벌

매년 음력설에 열리는 **나가사키 란탄 페스티벌**! 15,000여 개에 이르는 화려한 초롱이 거리를 수놓습니다.

나가사키 짬뽕

나가사키의 명물 요리라고 하면 역시 **나가사키짬뽕**! 해산물, 채소, 돼지고기를 볶아서 육수에 넣어 끓이는 나가사키짬뽕은 정말 맛있어요.

DAY 14 나가사키짬뽕이 아주 맛있었어요.

셋째 주 다시 보기 DAY 11-14

이번 주 핵심 문법 DAY 11-12

13 동사의 종류 – 1, 2, 3 그룹 동사의 기본형 | 112쪽 |

1그룹 동사	• 「る」로 끝나지 않는 모든 동사 예 まつ 기다리다, のむ 마시다, いく 가다 • 「る」로 끝났을 경우, 앞의 모음이 [아], [우], [오] 음인 동사 예 すわる 앉다, つくる 만들다, とる (사진을) 찍다
2그룹 동사	• 「る」로 끝나고, 앞의 모음이 [이], [에] 음인 동사 예 みる 보다, たべる 먹다 'かえる 돌아가(오)다, はいる 들어가(오)다'는 1그룹 동사
3그룹 동사	• 「くる」와 「する」 두 개뿐임 예 くる 오다, する 하다, ちゅうもんする 주문하다

14 1그룹 동사의 ます형과 ~ます: [긍정] ~ます, [부정] ~ません | 114쪽 |

1그룹 동사	のむ 마시다	어미 「우」단 → 「이」단 + 「ます」, 「ません」	のみます 마십니다	のみません 마시지 않습니다
	まつ 기다리다		まちます 기다립니다	まちません 기다리지 않습니다
	いく 가다		いきます 갑니다	いきません 가지 않습니다

15 2그룹 동사의 ます형과 ~ます: [긍정] ~ます, [부정] ~ません | 122쪽 |

2그룹 동사	たべる 먹다	어미 「る」를 삭제 → 「ます」, 「ません」	たべます 먹습니다	たべません 먹지 않습니다
	みる 보다		みます 봅니다	みません 보지 않습니다
	のりかえる 갈아타다		のりかえます 갈아탑니다	のりかえません 갈아타지 않습니다

16 3그룹 동사의 ます형과 ~ます: [긍정] ~ます, [부정] ~ません | 124쪽 |

3그룹 동사	くる 오다	★ 불규칙하므로 통째로 외우기	きます 옵니다	きません 오지 않습니다
	する 하다		します 합니다	しません 하지 않습니다
	よやく 予約する 예약하다		よやく 予約します 예약합니다	よやく 予約しません 예약하지 않습니다

실력 다지기

1 다음 문장을 일본어로 바르게 옮겨 보세요.

  1 차를 **마시겠어요?**
  お茶(オチャ)を _____。[飲(の)む, 1그룹]

  2 하지만, 지옥찜 푸딩은 **먹어요.**
  でも(데모), じごくむしプリン(지고꾸무시푸링)は _____。[食(た)べる, 2그룹]

  3 지옥 순례 투어를 **예약하겠어요.**
  じごくめぐりツアー(지고꾸메구리쯔아-)を _____。[予約(よやく)する, 3그룹]

도전! 일본어 시험 ☆ JLPT [문법] 출제 ☆

2 ★ 에 들어갈 가장 알맞은 것을 ①・②・③・④에서 하나 고르세요.

  1 4時(よじ)に _____ _____ ★ _____ 。
   ① 乗(の)りかえます   ② この   ③ で   ④ 駅(えき)

  2 おみせ _____ ★ _____ _____ 。
   ① が   ② 人(ひと)   ③ 来(き)ます   ④ の

  *힌트
  1 '4시에 이 역에서 갈아타요.'라는 뜻입니다.
  2 '가게(의) 사람이 와요.'라는 뜻입니다.

DAY 15 셋째 주 다시 보기

이번 주 핵심 문법 DAY 13-14

17 동사의 ます형을 활용한 권유 표현: ~ませんか |132쪽

예)
치 까 테쯔   노 리 마 셍 ◆ 까   노 루
地下鉄に 乗りませんか。[乗る, 1그룹]
지하철을 타지 않을래요?

타 꼬 야 끼 오   타 베 마 셍 ◆ 까   타 베 루
たこやきを 食べませんか。[食べる, 2그룹]
다코야키를 먹지 않을래요?

18 동사의 ます형을 활용한 희망 표현: [긍정] ~たいです, [부정] ~たくないです

예)
싱 ◆ 칸 ◆ 센 ◆ 니 노 리 따 이 데 쓰   노 루
しんかんせんに 乗りたいです。[乗る, 1그룹] |134쪽
신칸센을 타고 싶어요.

라 ◆ 멩 ◆ 오 타 베 따 꾸 나 이 데 쓰   타 베 루
ラーメンを 食べたくないです。[食べる, 2그룹]
라면을 먹고 싶지 않아요.

19 な·い형용사의 정중한 과거 표현: な형용사 [긍정] ~でした, [부정] ~じゃなかったです |142쪽

い형용사 [긍정] ~かったです, [부정] ~くなかったです

예)
호 테 루 가   스 테 끼 데 시 따   스 테 키 다 나
ホテルが すてきでした。[すてきだ, な형용사]
호텔이 멋졌어요.

히 꼬 ― 끼 노   치 켓 ◆ 또 가   타 까 깟 ◆ 따 데 쓰   타 까 이 이
ひこうきの チケットが 高かったです。[高い, い형용사]
비행기 티켓이 비쌌어요.

20 동사 ~ます의 과거 표현: [긍정] ~ました, [부정] ~ませんでした |144쪽

예)
싱 ◆ 칸 ◆ 센 ◆ 니 노 리 카 에 마 시 따   노 리 카 에 루
しんかんせんに 乗りかえました。[乗りかえる, 2그룹]
신칸센으로 갈아탔어요.

코 노 쯔 아 ― 오 요 야꾸 시 마 시 따   요 야 스 루
この ツアーを 予約しました。[予約する, 3그룹]
이 투어를 예약했어요.

🥖 실력 다지기

1 다음 문장을 일본어로 바르게 옮겨 보세요.

1 지하철을 **타지 않을래요**?

地下鉄に _____ 。[乗る, 1그룹]

2 라면을 **먹고 싶지 않아요**.

ラーメンを _____ 。[食べる, 2그룹]

3 신칸센으로 **갈아탔어요**.

しんかんせんに _____ 。[乗りかえる, 2그룹]

🛡 도전! 일본어 시험 ☆ JLPT [문법] 출제 ☆

2 ★ 에 들어갈 가장 알맞은 것을 ①・②・③・④에서 하나 고르세요.

1 大阪 _____ __★__ _____ _____ 。

　　① を　　② で　　③ たこやき　　④ 食べませんか

2 ひこうき _____ _____ __★__ _____ 。

　　① チケット　　② の　　③ 高かったです　　④ が

> *힌트
> **1** '오사카에서 다코야키를 먹지 않을래요?'라는 뜻입니다.
> **2** '비행기(의) 티켓이 비쌌어요.'라는 뜻입니다.

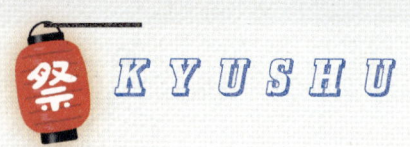

KYUSHU

★우리만 알고 있는 여행 이야기

규슈

▲오이타의 '분고 감귤주스'

규슈(九州)인데 왜
9(九)개가 아니라 7개 지역(현)으로 되어 있을까요?

사실 규슈는 에도 시대에는 9개 지역으로 나누어져 있었습니다. 일본의 행정구역이 지금의 현(県) 체제로 바뀐 건 메이지 시대인 1871년부터입니다. 참고로 9개 지역은 치쿠젠(筑前), 치쿠고(筑後), 히젠(肥前), 히고(肥後), 부젠(豊前), 분고(豊後), 히유가(日向), 오스미(大隅), 사쓰마(薩摩)였습니다. 옛 지역명은 현재도 관광지나 역 이름으로 많이 사용되고 있기 때문에 이런 배경을 알고 가면 더 재미있는 여행이 되겠죠?

이것이 바로
규슈 여행을 추천하는 이유!

✓ 규슈의 현관, 후쿠오카 공항은 인천 공항에서 겨우 1시간 반! 후쿠오카 도심까지는 지하철로 10분!!

✓ 후쿠오카에서 규슈 각지로 바로 연결되는 교통수단이 많아서 자유 여행에 GOOD!!

✓ 도쿄, 오사카 등 대도시에서는 볼 수 없는 일본의 시골 풍경을 가까이에서 즐길 수 있다!!

맛으로 만나 보는 규슈

일본 현지인이 즐기는 **대표 음식**을 소개합니다!

세키아지·세키사바(오이타)

신선한 전갱이와 고등어 회는 비린 맛이 전혀 없고 씹으면 씹을수록 감칠맛이 나 맛있습니다.

あー、おいしい～！
だんご

도리텐(오이타)

닭고기에 튀김옷을 입혀 튀겨낸 요리입니다.

사라우동(나가사키)

튀긴 중화면에 해산물과 채소를 넣은 걸쭉한 스프를 얹어서 먹습니다.

모쓰나베(후쿠오카)

소나 돼지의 내장에 부추, 양배추 등을 넣고 끓이는 전골 요리로, 마무리로 국물에 짬뽕면을 넣어 후루룩 후루룩! 아주 맛있습니다.

가라시 멘타이코(후쿠오카)

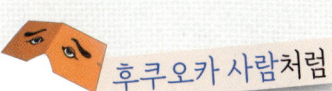
후쿠오카 사람처럼

'아주 맛있다!'
바리 오이시카
ばり おいしか～！

명란젓은 따끈따끈한 밥 위에 올려서 먹는 것이 제일! 짭쪼름한 깊은 맛이 밥과 잘 어울려요~

지금 맛있는 홋카이도를 만나러 가자!

DAY 16-20

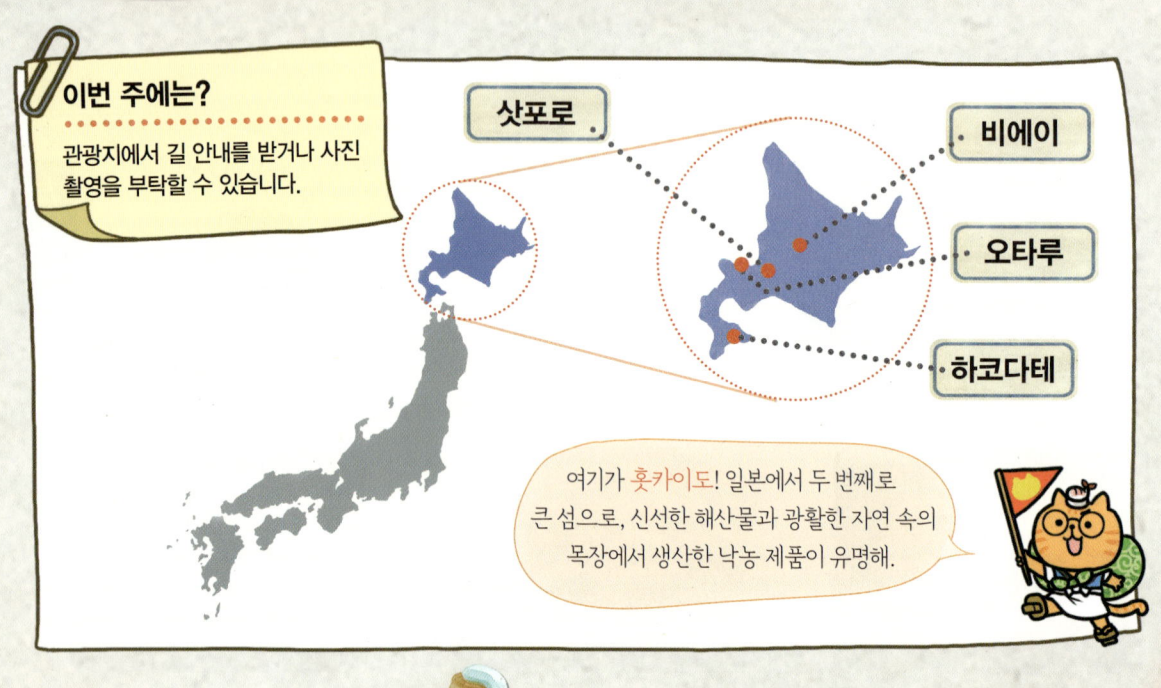

이번 주에는?
관광지에서 길 안내를 받거나 사진 촬영을 부탁할 수 있습니다.

삿포로 / 비에이 / 오타루 / 하코다테

여기가 홋카이도! 일본에서 두 번째로 큰 섬으로, 신선한 해산물과 광활한 자연 속의 목장에서 생산한 낙농 제품이 유명해.

DAY 16 — 삿포로
동사 て형을 배우고 길 안내를 받아 보자.

DAY 17 — 비에이
동사 て형을 마무리하고 상대방에게 해달라고 부탁해 보자.

DAY 16 길 안내 받기

あそこを 右(みぎ)に 曲(ま)がって まっすぐ 行(い)きます。
저기를 오른쪽으로 돌아서 곧장 가요.

지난 학습 다시 보기

な・い형용사의 과거 표현

◆ 長崎(ながさき)ちゃんぽんが とても おいしかったです。
　나가사키짬뽕이　　　　　아주　　　　맛있었어요.

> な형용사 [긍정] 〜でした 〜했습니다
> 　　　　 [부정] 〜じゃなかったです 〜하지 않았습니다
> い형용사 [긍정] 〜かったです 〜었습니다
> 　　　　 [부정] 〜くなかったです 〜지 않았습니다

동사 〜ます의 과거 표현

◆ カステラを たくさん 買(か)いました。
　카스텔라를　　많이　　샀어요.

> [긍정] 〜ました 〜했습니다
> [부정] 〜ませんでした 〜하지 않았습니다

Track 16-01

TODAY 스토리 회화
유빈과 나미가 홋카이도, 삿포로 시내 관광을 하고 있습니다.
오늘의 스토리 회화를 먼저 한국어로 들어볼까요?

TODAY 학습 포인트
★ 1그룹 동사 중 기본형 어미가 「う, つ, る」와 「む, ぶ, ぬ」로 끝나는 동사의 て형을 배웁니다.

오늘의 여행지는?

오늘의 여행지인 삿포로는 홋카이도의 정치, 경제, 문화의 중심지이자 매년 2월에 열리는 '삿포로 눈축제'로 유명한 도시입니다.

삿포로 눈축제, 꼭 가 봐야지!

TODAY 핵심 표현

21 あそこを 右に 曲がって まっすぐ 行きます。
저기를 오른쪽으로 돌아서 곧장 가요.

Track 16-02

22 ここで コーヒーを 飲んで 行きませんか。
여기에서 커피를 마시고 가지 않을래요?

DAY 16 저기를 오른쪽으로 돌아서 곧장 가요.

맛있는 핵심 문법

Track 16-03

21 あそこを 右に 曲がって まっすぐ 行きます。
저기를   오른쪽으로   돌아서   곧장   가요.

✓ 1그룹 동사 ❶의 て형
[기본형의 어미가 う, つ, る인 경우] ~って ~하고, ~해서

동사의 て형은 보통 '~하고'나 '~해서'와 같이 앞뒤 동작을 가볍게 연결하는 역할을 합니다. 1그룹 동사 중 기본형 어미가 「う, つ, る」로 끝나는 동사는 어미 「う, つ, る」를 「って」로 바꿉니다. 예를 들어 「まがる」는 어미 「る」를 「って」로 바꾸어 「まがって」가 됩니다.

	기본형(어미: う,つ,る)	만드는 방법	て형
1그룹 동사 ❶	かう 사다	어미「う,つ,る」 →「って」	かって 사고, 사서
	まつ 기다리다		まって 기다리고, 기다려서
	まがる 돌다		まがって 돌고, 돌아서
	*いく 가다	*예외 동사	いって 가고, 가서

예 おみやげを 買って ホテルに 行きます。 [買う, 1그룹]
여행 선물을 사고 호텔에 가요.

ここで 列車を 待って 乗りかえました。 [待つ, 1그룹]
여기에서 열차를 기다려서 갈아탔어요.

時計台に 行って 写真を とりますか。 [行く, 1그룹]
시계탑에 가서 사진을 찍어요?

단어
- あそこ 저기, 저곳
- ~を ~을/를
- 右 오른쪽
- ~に ~(으)로
- 曲がる [동1] 돌다
- まっすぐ 곧장
- 行く [동1] 가다
- ホテル (hotel) 호텔
- ここ 여기, 이곳
- ~で ~에서
- 列車 열차
- 乗りかえる [동2] 갈아타다
- 時計台 시계탑
- 写真 사진
- とる [동1] (사진을) 찍다

일본어 TIP
1그룹 동사 「行く(가다)」는 기본형 어미가 「く」로 끝나지만, て형은 「行いて」가 아니고 예외적으로 「行って」가 됩니다.

▶ 다음 |보기|와 같이 연습해 보세요.

|보기|
01 おみやげを 買って ホテルに 行きます。
여행 선물을 사고 호텔에 가요.

① ここで 列車を 待つ   乗りかえる

② 時計台に 行く   写真を とる

③ 写真を とる   おみやげを 買う

④ そこを 曲がる   まっすぐ 行く

단어

おみやげ 여행 선물
～を ～을/를
買う [동1] 사다
ホテル (hotel) 호텔
～に ～에
行く [동1] 가다
列車 열차
乗りかえる [동2] 갈아타다
時計台 시계탑
写真 사진
とる [동1] (사진을) 찍다
そこ 거기, 그곳
曲がる [동1] 돌다
まっすぐ 곧장

여기를 돌아서 곧장 가는구나~.

DAY 16 저기를 오른쪽으로 돌아서 곧장 가요.

22 ここで コーヒーを 飲んで 行きませんか。
여기에서 　　커피를 　　마시고 　　가지 않을래요?

✓ 1그룹 동사 ❷의 て형
[기본형의 어미가 む, ぶ, ぬ인 경우] ~んで ~하고, ~해서

1그룹 동사 중 기본형 어미가 「む, ぶ, ぬ」로 끝나는 동사는 어미 「む, ぶ, ぬ」를 「んで」로 바꿉니다. 예를 들어 「飲む」는 어미 「む」를 「んで」로 바꾸어 「飲んで」가 됩니다. 참고로 「ぬ」로 끝나는 1그룹 동사는 「死ぬ(죽다)」밖에 없습니다.

	기본형(어미: む, ぶ, ぬ)	만드는 방법	て형
1그룹 동사 ❷	のむ 마시다	어미 「む, ぶ, ぬ」 → 「んで」	のんで 마시고, 마셔서
	よぶ 부르다		よんで 부르고, 불러서
	あそぶ 놀다		あそんで 놀고, 놀아서
	しぬ 죽다		しんで 죽고, 죽어서

단어
ここ 여기, 이곳
〜で 〜에서
コーヒー (coffee) 커피
飲む [동1] 마시다
行く [동1] 가다
ジュース (juice) 주스
メンバー (member) 멤버
呼ぶ [동1] 부르다
ラーメン (拉面) 라면
主人公 주인공
死ぬ [동1] 죽다
ドラマ (drama) 드라마
終わる [동1] 끝나다

예 ジュースを 飲んで おみやげを 買いますか。 [飲む, 1그룹]
주스를 마시고 여행 선물을 사요?

メンバーを 呼んで ラーメンを 食べます。 [呼ぶ, 1그룹]
멤버를 불러서 라면을 먹어요.

主人公が 死んで ドラマが 終わりました。 [死ぬ, 1그룹]
주인공이 죽고 드라마가 끝났어요.

🎌 여행 TIP
コーヒーの サイズ
커피 사이즈

테이크아웃 커피점인 경우, 큰 사이즈는 「Lサイズ」, 중간 사이즈는 「Mサイズ」, 작은 사이즈는 「Sサイズ」라고 부르는 경우가 많습니다.

▶ 다음 |보기|와 같이 연습해 보세요.

|보기|
02 メンバーを 呼んで ラーメンを 食べます。
멤버를 불러서 라면을 먹어요.

① 主人公が 死ぬ　　ドラマが 終わる

② ジュースを 飲む　　おみやげを 買う

③ 7時まで 遊ぶ　　駅に 行く

④ ロビンさんを 呼ぶ　　たこやきを 食べる

단어
メンバー (member) 멤버
ラーメン (拉面) 라면
呼ぶ [동1] 부르다
主人公 주인공
死ぬ [동1] 죽다
ドラマ (drama) 드라마
終わる [동1] 끝나다
ジュース (juice) 주스
飲む [동1] 마시다
買う [동1] 사다
～まで ～까지
遊ぶ [동1] 놀다
駅 역
行く [동1] 가다

내가 바로 불멸의 主人公!

DAY 16 저기를 오른쪽으로 돌아서 곧장 가요.

 맛있는 현지 회화

☀ 유빈이 지나가는 사람에게 시계탑으로 가는 길을 묻고 있습니다.

유빈　あのう、ここから 時計台は 遠いですか。

行人　いいえ、近いですよ。あそこを 右に 曲がって

　　　まっすぐ 行きます。

유빈　右に 曲がって、まっすぐ 行って……。

　　　どうも ありがとうございました。

― 유빈이 추워하는 나미를 보고 ―

유빈　海野さん、ここで コーヒーを 飲んで 行きませんか。

나미　あたたかい コーヒー、いいですね。

단어

- あのう (말을 건넬 때) 저기(요)
- ここ 여기, 이곳
- ～から ～에서, ～부터
- 時計台 시계탑
- 遠い [い형] 멀다
- 近い [い형] 가깝다
- あそこ 저기, 저곳
- 右 오른쪽
- ～に ～(으)로
- 曲がる [동1] 돌다
- まっすぐ 곧장
- 行く [동1] 가다
- どうも ありがとうございました 정말 감사했습니다
- で ～에서
- コーヒー (coffee) 커피
- 飲む [동1] 마시다
- あたたかい [い형] 따뜻하다

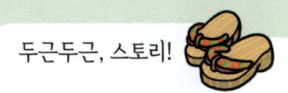

두근두근, 스토리!

우리말→일본어 말하기 Track 16-10

유빈	저기요, 여기에서 시계탑까지 먼가요?
행인	아니요, 가까워요. 저기를 오른쪽으로 돌아서 곧장 가요.
유빈	오른쪽으로 돌아서 곧장 가고……. 정말 감사합니다.

- 유빈이 추워하는 나미를 보고 -

| 유빈 | 우미노 씨, 여기에서 커피를 마시고 가지 않을래요? |
| 나미 | 따뜻한 커피, 좋네요. |

맛있는 회화 TIP

あのう。 모르는 사람에게 말을 걸 때는?

일본 여행 중 행인에게 길을 물어보려고 합니다. 자연스럽게 말을 걸려면 어떻게 해야 할까요? 이럴 때 쓸 수 있는 말이 바로 「あのう」입니다. 한국어로는 '저기요'로 해석됩니다.

DAY 16 저기를 오른쪽으로 돌아서 곧장 가요.

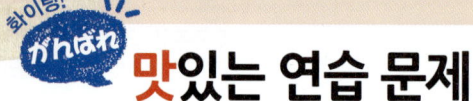 **맛있는 연습 문제**

1　다음 ①~⑥을 ~て로 바꾸어 써 보세요.

① 曲がる [1그룹 동사]
　_____

② 待つ [1그룹 동사]
　_____

③ 行く [1그룹 동사]
　_____

④ 飲む [1그룹 동사]
　_____

⑤ 呼ぶ [1그룹 동사]
　_____

⑥ 死ぬ [1그룹 동사]
　_____

> *힌트
> • ①~③ → 1그룹 동사 기본형 어미「う, つ, る」: 어미 →「って」
>   160쪽의 **21** 번 설명 참고
> • ④~⑥ → 1그룹 동사 기본형 어미「む, ぶ, ぬ」: 어미 →「んで」
>   162쪽의 **22** 번 설명 참고

2　다음 문장을 듣고 빈칸에 알맞은 일본어를 써 보세요.　　Track 16-11

① あそこを 右に _____ まっすぐ 行きます。
　저기를 오른쪽으로 돌아서 곧장 가요.

② ここで コーヒーを _____ 行きませんか。
　여기에서 커피를 마시고 가지 않을래요?

> *힌트
> • ① → 160쪽의 **21** 번 설명 참고
> • ② → 162쪽의 **22** 번 설명 참고

지금 떠나는 여행 속 일본
Hokkaido

Sapporo
삿포로

　삿포로(札幌)는 홋카이도(北海道)에서 최대 도시이자 손꼽히는 인기 여행지입니다. 개척지였던 홋카이도에는 당시 사용된 서양식 기술의 흔적이 지금도 곳곳에 남아 있습니다. 그중 하나가 삿포로의 얼굴인 시계탑인데, 이 시계탑의 시계는 전기가 아니라 추의 무게로 움직이며, 매 시간 시간 수만큼 종이 울립니다.

 **삿포로, 나만의 여행 코스!!**

삿포로 눈축제

삿포로의 겨울 축제, 삿포로 눈축제! 매년 2월에 200만 명이 찾아온다고 합니다. 조명과 어우러진 한밤의 조각상이 만들어내는 분위기는 정말로 환상적입니다!

홋카이도 대학

홋카이도 대학은 일본 최대 면적을 자랑하는 자연 속의 대학입니다. 대학 박물관에서는 무료로 공룡 화석을 볼 수 있습니다!

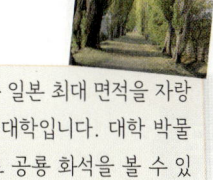
수프 카레

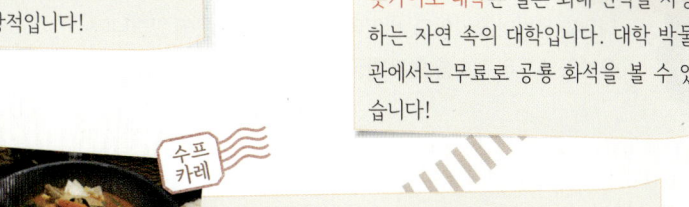

삿포로 명물 음식, 수프카레. 다른 카레와 달리 묽은 수프 같은 카레에 큼직하게 자른 채소나 고기가 들어가 있는 것이 특징입니다!

DAY 16 저기를 오른쪽으로 돌아서 곧장 가요.

 **부탁하기**

キャンセルして もう 一度 おねがいします。
취소하고 다시 한번 부탁해요.

 **다시 보기**

1그룹 동사 ①의 て형

기본형 어미가 **う, つ, る**인 경우 → **~って** ~하고, ~해서

◆ あそこを 右に 曲がって まっすぐ 行きます。
　　저기를　오른쪽으로　돌아서　　　곧장　　　가요.

1그룹 동사 ②의 て형

기본형 어미가 **む, ぶ, ぬ**인 경우 → **~んで** ~하고, ~해서

◆ ここで コーヒーを 飲んで 行きませんか。
　여기에서　커피를　　마시고　가지 않을래요?

 **스토리 회화**

나미와 유빈이 홋카이도, 비에이에 있는 푸른 연못에 왔습니다.
오늘의 스토리 회화를 먼저 한국어로 들어볼까요?

 Track 17-01

TODAY 학습 포인트

★ 1그룹 동사 중 기본형 어미가 「く, ぐ, す」로 끝나는 동사와 2, 3그룹 동사의 て형을 배웁니다.

오늘의 여행지는?

오늘의 여행지인 홋카이도, 비에이는 완만하게 이어진 아름다운 구릉 지대와 지평선이 바라보이는 광대한 꽃밭이 인상적인 곳입니다. 또 물이 푸른 색으로 보이는 '푸른 연못'으로도 유명합니다.

이런 풍경을 볼 수 있다니!

TODAY 핵심 표현

23 この ボタンを おして とります。
　　이　　버튼을　　눌러서　　찍어요.

24 キャンセルして もう 一度 おねがいします。
　　취소하고　　다시　한번　　부탁해요.

DAY 17 취소하고 다시 한번 부탁해요.

맛있는 핵심 문법

Track 17-03

23 この ボタンを おして とります.
이 버튼을 눌러서 찍어요.

✓ 1그룹 동사 ❸의 て형
[기본형의 어미가 く, ぐ, す인 경우] ~いて, ~いで, ~して ~하고, ~해서

1그룹 동사 중 기본형 어미가 「く, ぐ, す」로 끝나는 동사는 어미 「く」는 「いて」, 어미 「ぐ」는 「いで」, 어미 「す」는 「して」로 바꿉니다. 예를 들어 「おす(누르다)」는 어미 「す」를 「して」로 바꾸어 「おして」가 됩니다.

	기본형(어미: く, ぐ, す)	만드는 방법	て형
1그룹 동사 ❸	かく 쓰다	어미 「く」→「いて」	かいて 쓰고, 써서
	つなぐ (손을) 잡다	어미 「ぐ」→「いで」	つないで (손을) 잡고, 잡아서
	おす 누르다	어미 「す」→「して」	おして 누르고, 눌러서
	*いく 가다	*예외 동사	いって 가고, 가서

단어
- この 이
- ボタン (button) 버튼
- おす [동1] 누르다
- とる [동1] (사진을) 찍다
- 手紙 편지
- 列車 열차
- 待つ [동1] 기다리다
- 手 손
- 写真 사진
- ジュース (juice) 주스
- 買う [동1] 사다

예) 手紙を 書いて 列車を 待ちます。 [書く, 1그룹]
편지를 쓰고 열차를 기다려요.

手を つないで 写真を とりました。 [つなぐ, 1그룹]
손을 잡고 사진을 찍었어요.

ボタンを おして ジュースを 買いますか。 [おす, 1그룹]
버튼을 눌러서 주스를 사요?

 일본어 TIP

「つなぐ」는 '매다', '(하나로) 잇다'라는 뜻으로 「手を つなぐ」는 '서로의 손을 하나로 잇다'는 의미에서 '손을 (맞)잡다'는 뜻이 됩니다.

▶ 다음 |보기|와 같이 연습해 보세요.

> |보기|
> 01 手紙を 書いて 列車を 待ちます。
> 편지를 쓰고 열차를 기다려요.

① 手を つなぐ / 写真を とる

② ボタンを おす / ジュースを 買う

③ 名前を 書く / ツアーを 予約する

④ いそぐ / ホテルに 帰る

단어
- 手 손
- つなぐ [동1] 잡다
- 写真 사진
- とる [동1] (사진을) 찍다
- ボタン (button) 버튼
- おす [동1] 누르다
- ジュース (juice) 주스
- 買う [동1] 사다
- 名前 이름
- いそぐ [동1] 서두르다
- ホテル (hotel) 호텔
- ~に ~에
- 帰る [동1] 돌아가(오)다

예약하려면 名前를 써야 해.

24
キャンセルして もう 一度 おねがいします。
취소하고 다시 한번 부탁해요.

✓ 2그룹, 3그룹 동사의 て형
[2그룹] ～て ~하고, ~해서　[3그룹] して 하고, 해서, きて 오고, 와서

2그룹 동사는 기본형 어미 「る」를 「て」로 바꾸면 됩니다. 3그룹 동사 「する(하다)」는 「して」, 「くる(오다)」는 「きて」로 바뀝니다. 예를 들어 「キャンセルする(취소하다)」는 기본형 「する」를 「して」로 바꾸어 「キャンセルして」가 됩니다.

	기본형	만드는 방법	て형
2그룹 동사	たべる 먹다	어미 「る」→「て」	たべて 먹고, 먹어서
	みる 보다		みて 보고, 봐서
3그룹 동사	くる 오다	불규칙하므로 통째로 외우기	きて 오고, 와서
	キャンセルする 취소하다		キャンセルして 취소하고, 취소해서

예
すしを 食べて おみやげを 買います。[食べる, 2그룹]
초밥을 먹고 여행 선물을 사요.

きのう、駅に 来て 写真を とりました。[来る, 3그룹]
어제, 역에 와서 사진을 찍었어요.

ツアーを キャンセルして ホテルに 帰りますか。
투어를 취소하고 호텔에 돌아가요?　[キャンセルする, 3그룹]

단어
キャンセルする (cancel) 취소하다

もう 一度 다시 한번, 한번 더

おねがいします 부탁합니다

すし 초밥

食べる [동2] 먹다

きのう 어제

駅 역

ツアー (tour) 투어

ホテル (hotel) 호텔

帰る [동1] 돌아가(오)다

여행 TIP
青い池 푸른 연못

청록색 물빛과 마른 나무가 서 있는 모습이 신비스러운 풍경을 자아내는 연못입니다. 인기 관광지라 조용히 감상하길 원하는 분은 아침 일찍 방문하는 것을 추천합니다.

▶ 다음 |보기|와 같이 연습해 보세요.

|보기|
02 すしを 食べて おみやげを 買います。
초밥을 먹고 여행 선물을 사요.

① この 駅で 乗りかえる　　美瑛に 行く

② 6時に 起きる　　空港バスに 乗る

③ ドラマを 見る　　11時に 寝る

단어
乗りかえる [동2] 갈아타다
美瑛 비에이(지명)
行く [동1] 가다
起きる [동2] 일어나다
空港バス (bus) 공항버스
乗る [동1] 타다
ドラマ (drama) 드라마
見る [동2] 보다
寝る [동2] 자다

|보기|
03 駅に 来て 写真を とります。
역에 와서 사진을 찍어요.

① ツアーを キャンセルする　　ホテルに 帰る

② チケットを 予約する　　しんかんせんに 乗る

③ ここに 来る　　お昼を 食べる

단어
帰る [동1] 돌아가(오)다
チケット (ticket) 티켓
予約する [동3] 예약하다
しんかんせん
신칸센 (일본 주요 도시를 연결하는 JR사의 고속철도)
ここ 여기, 이곳
来る [동3] 오다
お昼 점심(식사)
食べる [동2] 먹다

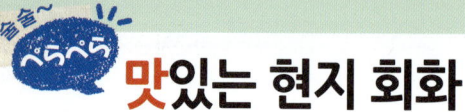 **맛있는 현지 회화**

 회화 듣기 Track 17-07　 직접 따라 말하기 Track 17-09

☀ 나미와 유빈이 비에이의 푸른 연못에 와 있습니다.

나미　モクさん、写真を おねがいします。

유빈　写真ですか。

나미　はい。この ボタンを おして とります。

유빈　じゃ、いいですか。はい、チーズ。

– 찍은 사진을 보여주며 –

どうですか。

나미　うーん。キャンセルして もう 一度 おねがいします。

유빈　わかりました。じゃ、もう 一度。はい、チーズ。

 Track 17-08

단어

- 写真 사진
- おねがいします 부탁합니다
- この 이
- ボタン (button) 버튼
- おす 동1 누르다
- とる 동1 (사진을) 찍다
- じゃ 그럼
- いいですか 좋습니까? 괜찮습니까?
- はい、チーズ 자, 김치
- うーん 음~
- キャンセルする (cancel) 동3 취소하다
- もう 一度 다시 한번, 한번 더
- わかりました 알겠습니다

두근두근, 스토리!

우리말→일본어 말하기　Track 17-10

나미　목 씨, 사진을 부탁해요.
유빈　사진이요?
나미　네. 이 버튼을 눌러서 찍어요.
유빈　그럼, 됐나요? 자, 김치~.

– 찍은 사진을 보여주며 –

어때요?

나미　음~. 취소하고 다시 한번 부탁해요.
유빈　알겠어요. 그럼, 다시 한번. 자, 김치~.

맛있는 회화 TIP

はい、チーズ　누군가 사진을 찍어 달라고 부탁하면?

한국에서는 사진을 찍을 때 웃는 표정을 만들기 위해 '김치~'라고 하는데 일본에서는 '치즈[チーズ(cheese)]'를 써서 「はい、チーズ。」라고 합니다. 여기에서 「はい」는 주의를 촉구하는 뜻에서 쓰는 말로 한국어의 '자'에 해당합니다.

DAY 17　취소하고 다시 한번 부탁해요.

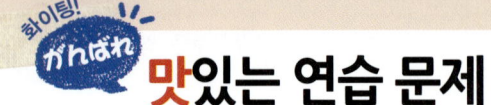

맛있는 연습 문제

실력 쑥쑥!!

1 다음 ①~⑥을 ~て로 바꾸어 써 보세요.

① おす [1그룹 동사]
　_____

② つなぐ [1그룹 동사]
　_____

③ 書く [1그룹 동사]
　_____

④ 食べる [2그룹 동사]
　_____

⑤ 来る [3그룹 동사]
　_____

⑥ 予約する [3그룹 동사]
　_____

＊힌트
- ①~③ → 1그룹 동사 기본형 어미 : 어미「く」→「いて」, 어미「ぐ」→「いで」, 어미「す」→「して」170쪽의 **23**번 설명 참고
- ④~⑥ → 2그룹 동사 : 어미「る」→「て」 172쪽의 **24**번 설명 참고
　3그룹 동사 :「くる」→「きて」,「する」→「して」 172쪽의 **24**번 설명 참고

Track 17-11

2 다음 문장을 듣고 빈칸에 알맞은 일본어를 써 보세요.

① この ボタンを _____ とります。
　이 버튼을 눌러서 찍어요.

② _____ もう 一度 おねがいします。
　취소하고 다시 한번 부탁해요.

＊힌트
- ① → 170쪽의 **23**번 설명 참고
- ② → 172쪽의 **24**번 설명 참고

지금 떠나는 여행 속 일본
Hokkaido

Biei
비에이

　비에이(美瑛)는 홋카이도(北海道)의 거의 중앙에 위치하며 전체 면적의 70퍼센트 이상이 산림으로 이루어져 있습니다. 아름다운 자연 경관으로 TV 드라마나 광고에 자주 등장하는 곳입니다. 사계절을 통해 그림과 같은 풍경을 즐길 수 있는데, 특히 드넓은 구릉 지대를 수놓는 아름다운 꽃밭은 동화 속 마을을 연상케 합니다.

 **비에이, 나만의 여행 코스!!**

시라히게노 타키

푸른 연못의 원류인 폭포, **시라히게노 타키**! '흰 수염의 폭포'라는 이름을 가진 이 폭포에서도 푸른색 풍경이 펼쳐집니다!

크리스마스 트리

한 장의 그림 엽서와 같은 풍경, **크리스마스 트리의 나무**! 사진을 찍으려면 일몰 시간을 피해서 가는 센스~!

비프 스튜

홋카이도산 **비프 스튜**! 스튜에 들어 있는 쇠고기가 녹아들 것 같이 부드럽습니다!

DAY 18  허락 받기

いっしょに 写真(しゃしん)を とっても いいですか。
같이 사진을 찍어도 돼요?

지난 학습 다시 보기

1그룹 동사 ③의 て형

기본형 어미가 く, ぐ, す인 경우 → ~いて, いで, して ~하고, ~해서

- この ボタンを おして とります。
  이   버튼을   눌러서   찍어요.

2그룹, 3그룹 동사의 て형

(2그룹) ~て ~하고, ~해서, (3그룹) して 하고, 해서, きて 오고, 와서

- キャンセルして もう一度(いちど) おねがいします。
  취소하고   다시 한번   부탁해요.

 Track 18-01

 **TODAY 스토리 회화**
나미와 유빈이 홋카이도, 하코다테에 있는 하코다테야마에 왔습니다.
오늘의 스토리 회화를 먼저 한국어로 들어볼까요?

TODAY 학습 포인트
★ な·い형용사의 て형을 익히고, 동사 て형을 활용한 허락 표현을 배웁니다.

오늘의 여행지는?

오늘의 여행지인 홋카이도, 하코다테는 옛날 국제무역항으로 발달한 영향으로 서양식 건축물 등을 비롯하여 이국적인 문화가 남아 있는 도시입니다.

하코다테도 역시 음식이 맛있어~!

TODAY 핵심 표현

25 夜景が きれいで すてきですね。
　　　 야경이　예쁘고　　　　멋지네요.

Track 18-02

26 いっしょに 写真を とっても いいですか。
　　　 같이　　　 사진을　　찍어도 돼요?

DAY 18 같이 사진을 찍어도 돼요?

맛있는 핵심 문법

25
夜景が きれいで すてきですね。
야경이　　　 예쁘고　　　　　 멋지네요.

✓ な·い형용사의 て형
[な형용사] ～で ～하고, ～해서　　　[い형용사] ～くて ～고, ～아/어/여서

な형용사의 て형은 기본형 어미 「だ」를 「で」로 바꾸면 됩니다. い형용사의 て형은 기본형 어미 「い」를 「くて」로 바꾸면 됩니다. 예를 들어 な형용사 「きれいだ(예쁘다)」는 「だ」를 「で」로 바꾸어 「きれいで」가 됩니다.

	기본형	만드는 방법	て형
な형용사	きれいだ 예쁘다	어미 「だ」→「で」	きれいで 예쁘고, 예뻐서
い형용사	おいしい 맛있다	어미 「い」→「くて」	おいしくて 맛있고, 맛있어서

단어
夜景 야경
きれいだ [な형] 예쁘다
すてきだ [な형] 멋지다
～ね ～네요, ～군요
しずかだ [な형] 조용하다
有名だ [な형] 유명하다
高い [い형] 비싸다
安い [い형] 싸다
やさしい [い형] 상냥하다

ロビンさんは しずかで きれいです。 [しずかだ, な형용사]
로빈 씨는 조용하고 예뻐요.

この ホテルは 有名で 高かったです。 [有名だ, な형용사]
이 호텔은 유명하고 비쌌어요.

その お店は おいしくて 安いです。 [おいしい, い형용사]
그 가게는 맛있고 (가격이) 싸요.

海野さんは やさしくて きれいでした。 [やさしい, い형용사]
우미노 씨는 상냥하고 예뻤어요.

일본어 TIP
い형용사 「いい(좋다)」는 「よくて(좋고, 좋아서)」로 활용되므로 주의하세요.

▶ 다음 |보기|와 같이 연습해 보세요.

> |보기|
> **01** ロビンさんは しずかで きれいです。
> 로빈 씨는 조용하고 예뻐요.

① この ホテルは 有名だ　　高い

② 主人公が きれいだ　　すてきだ

③ 予約が 大変だ　　きらいだ

단어
しずかだ 「な형」 조용하다
きれいだ 「な형」 예쁘다
有名だ 「な형」 유명하다
高い 「い형」 비싸다
主人公 주인공
すてきだ 「な형」 멋지다
予約 예약
大変だ 「な형」 힘들다
きらいだ 「な형」 싫어하다

> |보기|
> **02** その お店は おいしくて 安いです。
> 그 가게는 맛있고 싸요.

① 海野さんは やさしい　　きれいだ

② かたちが いい　　おいしい

③ この お店は 安い　　すきだ

단어
お店 가게
おいしい 「い형」 맛있다
安い 「い형」 싸다
やさしい 「い형」 상냥하다
かたち 모양
いい 「い형」 좋다
この 이
すきだ 「な형」 좋아하다

26 いっしょに 写真を とっても いいですか。
같이 사진을 찍어도 돼요?

✓ 동사의 て형을 활용한 허락 표현
～てもいいです ～해도 됩니다

동사의 て형에「もいいです」를 붙이면 '～해도 됩니다'란 뜻이 되는데 허락을 나타낼 때 씁니다. 예를 들어「とる(찍다)」는 て형인「とって」에「もいいです」를 붙여서「とっても いいです」로 바꾸면 '찍어도 됩니다'라는 뜻이 됩니다. 의문문은「ても いいです」에「か」를 붙여서「ても いいですか」로 바꾸면 됩니다.

단어
- いっしょに 같이, 함께
- 写真 사진
- とる [동1] (사진을) 찍다
- 手 손
- ケーキ (cake) 케이크
- ～を ～을/를
- この 이
- ツアー (tour) 투어

	기본형	만드는 방법	て형 + もいいです
1그룹 동사	とる (사진을) 찍다	て형 +「もいいです」	とっても いいです (사진을) 찍어도 됩니다
	つなぐ (손을) 잡다		つないでも いいです (손을) 잡아도 됩니다
2그룹 동사	たべる 먹다		たべても いいです 먹어도 됩니다
3그룹 동사	キャンセルする 취소하다		キャンセルしても いいです 취소해도 됩니다

예) 手を つないでも いいです。 [つなぐ, 1그룹]
손을 잡아도 돼요.

ケーキを 食べても いいです。 [食べる, 2그룹]
케이크를 먹어도 돼요.

この ツアーを キャンセルしても いいですか。
이 투어를 취소해도 돼요?
[キャンセルする, 3그룹]

여행 TIP

五稜郭
고료카쿠

19세기 에도 시대에 만들어진 서양식 성곽입니다. 별 모양은 총포 공격 시 사각 지대가 적고 방어에도 유리하다고 합니다.

차근차근, 일본어

▶ 다음 |보기|와 같이 연습해 보세요.

| |보기|
| 03 | 手を つないでも いいです。
손을 잡아도 돼요.

① ケーキを 食べる

② この ツアーを キャンセルする

③ いっしょに 写真を とる

④ 4時に 来る

단어

手 손

つなぐ [동1] (손을) 잡다

ケーキ (cake) 케이크

食べる [동2] 먹다

この 이

ツアー (tour) 투어

キャンセルする (cancel) [동3] 취소하다

いっしょに 같이, 함께

写真 사진

とる [동1] (사진을) 찍다

来る [동3] 오다

유명 캐릭터와 같이
写真을 찍고 싶어~!

DAY 18 같이 사진을 찍어도 돼요?

 **맛있는 현지 회화**

 회화 듣기 Track 18-07    직접 따라 말하기 Track 18-09

☀ 나미와 유빈이 하코다테야마에 야경을 보러 왔습니다.

나미　　うわー、夜景(やけい)が きれいで すてきですね。

유빈　　海野(うみの)さんも きれいですよ。やさしくて、きれいです。

나미　　え？

유빈　　あ、あの……。寒(さむ)いですね。手(て)を つないでも いいですか。

나미　　え？ 手(て)？ すみません。それは ちょっと……。

유빈　　じゃ、記念(きねん)に……いっしょに 写真(しゃしん)を とっても いいですか。

나미　　あのう、また 今度(こんど) おねがいします。

단어　 Track 18-08

- 夜景(やけい) 야경
- きれいだ な형 예쁘다
- すてきだ な형 멋지다
- ~ね ~네요, ~군요
- やさしい い형 상냥하다
- あの 저, 저기

- 寒(さむ)い い형 춥다
- 手(て) 손
- つなぐ 동1 (손을) 잡다
- それは ちょっと 그건 좀
- じゃ 그럼
- 記念(きねん)に 기념으로

- いっしょに 같이, 함께
- 写真(しゃしん) 사진
- とる 동1 (사진을) 찍다
- また 今度(こんど) 다음에 또, 다음에
- おねがいします 부탁합니다

두근두근, 스토리!

우리말→일본어 말하기 Track 18-10

나미	우와~, 야경이 예쁘고 멋지네요.
유빈	우미노 씨도 예뻐요. 상냥하고 예뻐요.
나미	네?
유빈	어, 저기……. 춥네요. 손을 잡아도 돼요?
나미	네? 손이요? 죄송해요. 그건 좀…….
유빈	그럼, 기념으로…… 같이 사진을 찍어도 돼요?
나미	저기~, 다음에 부탁해요.

맛있는 회화 TIP

それは ちょっと……。 부드럽게 거절하고 싶다면?

부드럽게 거절하고 싶을 때 어떻게 말하면 좋을까요? 그냥 「いいえ(아니요)」라고 하는 것보다 「それは ちょっと……(그건 좀……)」라고 완곡하게 거절의 뜻을 내비치거나, 반대로 「また 今度 おねがい します(다음에 부탁합니다)」라고 부탁하는 것도 하나의 방법입니다.

DAY 18 같이 사진을 찍어도 돼요?

맛있는 연습 문제

실력 쑥쑥!!

1 다음 ①~③을 ~て로, ④~⑥을 ~ても いいです로 바꾸어 써 보세요.

① 有名だ(ゆうめい)

_____

② やさしい

_____

③ いい

_____

④ つなぐ [1그룹 동사]

_____

⑤ 食べる(た) [2그룹 동사]

_____

⑥ キャンセルする(きゃんせる) [3그룹 동사]

_____

> ***힌트**
> • ①~③ → 180쪽의 **25**번 설명 참고
> • ④~⑥ → 182쪽의 **26**번 설명 참고

2 다음 문장을 듣고 빈칸에 알맞은 일본어를 써 보세요.

① 夜景(やけい)が _____ すてきですね。
야경이 예쁘고 멋지네요.

② いっしょに 写真(しゃしん)を _____ 。
같이 사진을 찍어도 돼요?

> ***힌트**
> • ① → 180쪽의 **25**번 설명 참고
> • ② → 182쪽의 **26**번 설명 참고

Track 18-11

지금 떠나는 여행 속 일본
Hokkaido

Hakodate
하코다테

　하코다테(函館)는 홋카이도(北海道) 남부에 위치한 도시로, 신선하고 맛있는 해산물을 즐길 수 있습니다. 요코하마, 나가사키와 함께 일본 최초의 국제 무역항으로서 개항한 곳으로, 1층은 일본식 가옥이고 2층은 서양식 가옥으로 만들어진 독특한 양식의 건물을 많이 볼 수 있습니다. 일본 속의 이국적인 분위기를 즐길 수 있는 곳, 그것이 하코타테 관광의 묘미입니다.

 **하코다테, 나만의 여행 코스!!**

하코다테야마

'백만 달러의 야경'이라고 하면 역시 **하코다테야마**! 부채 모양의 독특한 지형이 만들어내는 환상적인 야경을 즐길 수 있습니다!

치즈 오믈렛

하코다테 여행 선물이라면 **치즈오믈렛**! 지역에서 나오는 재료를 사용해 매일 구워 내는 치즈오믈렛을 반으로 가르면 반숙 오믈렛처럼 부드러운 식감과 만나게 됩니다!

시오 라면

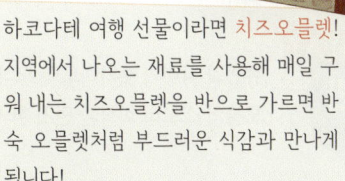

하코다테 라면이라고 하면 **시오라면**! '시오'는 '소금'이라는 뜻인데, 국물 색이 맑고 담백한 맛이 특징입니다!

시도 표현 말하기

ここで チーズケーキを 食べて みたいです。
여기에서 치즈케이크를 먹어 보고 싶어요.

지난 학습 다시 보기

な・い형용사의 て형

> な형용사 ~で ~하고, ~해서
> い형용사 ~くて ~고, ~아/어/여서

◆ 夜景が きれいで すてきですね。
　야경이　　예쁘고　　　　멋지네요.

동사의 て형을 활용한 허락 표현

◆ いっしょに 写真を とっても いいですか。
　같이　　　　사진을　　찍어도 돼요?

> ~ても いいです ~해도 됩니다

TODAY 스토리 회화

유빈과 나미가 홋카이도의 오타루에서 해 보고 싶은 일에 대해 말하고 있습니다.
오늘의 스토리 회화를 먼저 한국어로 들어볼까요?

Track 19-01

TODAY 학습 포인트

★ 동사 ます형을 활용한 시도 표현과 부탁 표현을 배웁니다.

오늘의 여행지는?

오늘의 여행지인 홋카이도, 오타루는 일본 유일의 매립 운하로 유명합니다. 운하를 따라 이어진 산책길에서 만나는 오래된 창고와 작은 배들에게서 항구 도시만의 운치를 느껴 보세요.

오타루도 양과자가 유명하다고~.

TODAY 핵심 표현

27 ここで チーズケーキを 食べて みたいです。
　　　여기에서　　치즈케이크를　　　　　먹어 보고 싶어요.

28 ちょっと 待って ください。
　　　잠시　　　기다려 주세요.

DAY 19 여기에서 치즈케이크를 먹어 보고 싶어요.

맛있는 핵심 문법

Track 19-03

27
ここで チーズケーキを 食べて みたいです。
여기에서 　　　　치즈케이크를 　　　　　먹어 보고 싶어요.

✓ **동사의 て형을 활용한 시도 표현**
~て みます ~해 봅니다

동사의 て형에「みます」를 붙이면 '~해 봅니다'와 같이 뭔가를 시도하는 표현이 됩니다. 예를 들어「食べる(먹다)」는 て형인「食べて」에「みます」를 붙이면「食べて みます」가 됩니다. 위 문장에 나온「食べて みたいです(먹어 보고 싶습니다)」는「食べて みます」에「たいです(~하고 싶습니다)」가 결합된 형태입니다.

단어
- ここ 여기, 이곳
- ～で ～에서
- チーズケーキ (cheesecake) 치즈케이크
- 食べる 동2 먹다
- ほかの 다른
- メンバー (member) 멤버
- ～も ～도
- あした 내일

	기본형	만드는 방법	て형 + みます
1그룹 동사	いく 가다	て형 +「みます」	いって みます 가 봅니다
	よぶ 부르다		よんで みます 불러 봅니다
2그룹 동사	たべる 먹다		たべて みます 먹어 봅니다
3그룹 동사	くる 오다		きて みます 와 봅니다

예) この お店に 行って みます。 [行く, 1그룹]
이 가게에 가 볼게요.

ほかの メンバーも 呼んで みます。 [呼ぶ, 1그룹]
다른 멤버도 불러 볼게요.

チーズケーキを 食べて みませんか。 [食べる, 2그룹]
치즈케이크를 먹어 보지 않을래요?

あした 来て みたいです。 [来る, 3그룹]
내일 와 보고 싶어요.

여행 TIP
おたる雪あかりの路
오타루 눈빛거리

얼음이나 눈으로 만든 조형물에 촛불을 켜 거리를 밝히는 축제로 매년 2월에 열립니다.

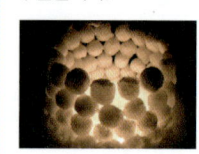

▶ 다음 |보기|와 같이 연습해 보세요.

Track 19-04

|보기|
01 この お店に 行って みます。
이 가게에 가 볼게요.

① ほかの メンバーも 呼ぶ

② チーズケーキを 食べる

③ あした 来る

단어
ほかの 다른
メンバー (member) 멤버
～も ～도
呼ぶ [동1] 부르다
チーズケーキ (cheesecake) 치즈케이크
食べる [동2] 먹다
あした 내일
来る [동3] 오다

|보기|
02 この お店に 行って みたいです。
이 가게에 가 보고 싶어요.

① しんかんせんに 乗る

② 小樽の 夜景を 見る

③ この ツアーを 予約する

단어
しんかんせん 신칸센(일본 주요 도시를 연결하는 JR사의 고속철도)
乗る [동1] 타다
小樽 오타루(지명)
夜景 야경
見る [동2] 보다
ツアー (tour) 투어
予約する [동3] 예약하다

DAY 19 여기에서 치즈케이크를 먹어 보고 싶어요. 191

28
ちょっと 待って ください。
잠시   기다려 주세요.

✓ 동사의 て형을 활용한 부탁 표현
~て ください ~해 주세요, ~하세요

동사의 て형에「ください」를 붙이면 '~해 주세요'로, 나를 위해 뭔가를 부탁하거나 또는 가볍게 명령하는 표현이 됩니다. 예를 들어「待つ(기다리다)」는 て형인「待って」에「ください」를 붙이면「待って ください」가 됩니다.

단어

ちょっと 잠시, 잠깐
待つ 동1 기다리다
ボタン (button) 버튼
写真 사진
ホテル (hotel) 호텔

	기본형	만드는 방법	て형 + ください
1그룹 동사	まつ 기다리다	て형 +「ください」	まって ください 기다려 주세요, 기다리세요
	おす 누르다		おして ください 눌러 주세요, 누르세요
2그룹 동사	みる 보다		みて ください 봐 주세요, 보세요
3그룹 동사	予約する 예약하다		予約して ください 예약해 주세요, 예약하세요

 **일본어 TIP**

「~て ください」로 가볍게 명령할 경우, 듣는 사람이 말하는 사람의 명령을 따르는 것이 자연스러운 관계여야 하므로, 학생이 선생님에게, 아랫사람이 윗사람에게는 잘 쓰지 않습니다.

예) この ボタンを おして ください。 [おす, 1그룹]
이 버튼을 눌러 주세요.

この 写真を 見て ください。 [見る, 2그룹]
이 사진을 봐 주세요.

ホテルを 予約して ください。 [予約する, 3그룹]
호텔을 예약해 주세요.

차근차근, 일본어

▶ 다음 |보기|와 같이 연습해 보세요.

| |보기| 03 | この ボタンを おして ください。
이 버튼을 눌러 주세요.

① この 写真を 見る

② ホテルを 予約する

③ ほかの メンバーも 呼ぶ

④ また 今度 来る

단어

この 이
ボタン (button) 버튼
おす [동1] 누르다
写真 사진
見る [동2] 보다
予約する [동3] 예약하다
ほかの 다른
メンバー (member) 멤버
～も ～도
呼ぶ [동1] 부르다
また 今度 다음에 또
来る [동3] 오다

DAY 19 여기에서 치즈케이크를 먹어 보고 싶어요.

 맛있는 현지 회화

☀ 유빈과 나미가 오타루에서 자유 시간 일정에 대해 이야기하고 있습니다.

유빈　海野さん、自由時間は どうしますか。

나미　小樽運河に 行って 写真を とります。

유빈　じゃ、この お店に 行って みませんか。

나미　あ、有名な お店ですね。

　　　ここで チーズケーキを 食べて みたいです。

유빈　これから いっしょに 行きませんか。

나미　いいですよ。ちょっと 待って ください。

　　　ほかの メンバーも 呼んで みます。

단어

- 自由時間 자유 시간
- どうしますか 어떻게 합니까?
- 小樽運河 오타루 운하
- 写真 사진
- とる [동1] (사진을) 찍다
- じゃ 그럼
- 行く [동1] 가다

- 有名だ [な형] 유명하다
- ここ 여기, 이곳
- ～で ～에서
- チーズケーキ (cheesecake) 치즈케이크
- 食べる [동2] 먹다
- これから 이제부터, 지금부터

- いっしょに 같이, 함께
- ちょっと 잠시, 잠깐
- 待つ [동1] 기다리다
- ほかの 다른
- メンバー (member) 멤버
- ～も ～도
- 呼ぶ [동1] 부르다

두근두근, 스토리!

우리말→일본어 말하기 Track 19-10

유빈	우미노 씨, 자유 시간은 어떻게 해요?
나미	오타루 운하에 가서 사진을 찍을 거예요.
유빈	그럼, 이 가게에 가 보지 않을래요?
나미	아, 유명한 가게네요.
	여기에서 치즈케이크를 먹어 보고 싶어요.
유빈	지금(부터) 같이 가지 않을래요?
나미	좋아요. 잠시 기다려 주세요.
	다른 멤버도 불러 볼게요.

맛있는 회화 TIP

ちょっと 待って ください。 잠시 기다려 달라고 말하고 싶으면?

상대방에게 잠시 기다려 달라고 하고 싶을 때에는 어떻게 말하면 좋을까요? 이럴 때에는 「ちょっと 待って ください(잠시 기다려 주세요)」라는 표현을 쓸 수 있습니다. 여기에서 「ちょっと」는 '조금, 좀'보다 '잠시, 잠깐'의 뜻으로 해석하는 것이 자연스럽습니다.

DAY 19 여기에서 치즈케이크를 먹어 보고 싶어요.

맛있는 연습 문제

1 다음 ①~③을 ~て みます로, ④~⑥을 ~て ください로 바꾸어 써 보세요.

① 呼ぶ [1그룹 동사]

_____

② 食べる [2그룹 동사]

_____

③ 来る [3그룹 동사]

_____

④ おす [1그룹 동사]

_____

⑤ 見る [2그룹 동사]

_____

⑥ 予約する [3그룹 동사]

_____

힌트
- ①~③ → 190쪽의 **27**번 설명 참고
- ④~⑥ → 192쪽의 **28**번 설명 참고

2 다음 문장을 듣고 빈칸에 알맞은 일본어를 써 보세요.

① ここで チーズケーキを _____ 。
여기에서 치즈케이크를 먹어 보고 싶어요.

② ちょっと _____ 。
잠시 기다려 주세요.

 Track 19-11

힌트
- ① → 190쪽의 **27**번 설명 참고
- ② → 192쪽의 **28**번 설명 참고

지금 떠나는 여행 속 일본
Hokkaido

Otaru
오타루

　오타루(小樽)는 홋카이도(北海道) 서부에 있는 도시로 옛날부터 항구 도시로 발달한 곳입니다. '오타루'라는 이름은 홋카이도에 거주했던 아이누족의 언어인 '오타·오루·나이(オタ·オル·ナイ, 모래사장 속의 강)'에서 유래했다고 합니다. 오타루 역시 신선한 해산물과 서양식 건물, 그리고 운하를 따라 늘어서 있는 오래된 창고들이 매력적인 관광지입니다.

오타루, 나만의 여행 코스!!

오타루 운하

오타루 항구의 발전을 상징하는 **오타루 운하**! 밤이 되면 켜지는 길가의 가스등불이 낮과는 또 다른 운치를 자아냅니다!

오타루 어시장

신선한 해산물이 모두 모인 **오타루 어시장**! 오타루에는 어시장이 9곳이나 있어 여러 종류의 해산물을 바로 맛볼 수 있습니다!

치즈 케이크

입안에서 눈처럼 살살 녹는 **치즈케이크**! 오타루에 가면 꼭 먹게 되는 인기 케이크입니다. 진한 치즈맛이 최고~!

DAY 19 여기에서 치즈케이크를 먹어 보고 싶어요.

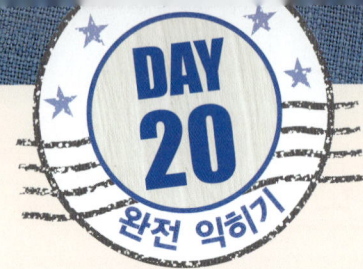

넷째 주 다시 보기 DAY 16-19

이번 주 핵심 문법 DAY 16-17

21 1그룹 동사 ❶의 て형: [기본형의 어미가 う, つ, る인 경우] ~って | 160쪽

1그룹 동사 ❶	かう 사다	어미「う, つ, る」→「って」	かって 사고, 사서
	まつ 기다리다		まって 기다리고, 기다려서
	まがる 돌다		まがって 돌고, 돌아서
	*いく 가다	*예외 동사	いって 가고, 가서

22 1그룹 동사 ❷의 て형: [기본형의 어미가 む, ぶ, ぬ인 경우] ~んで | 162쪽

1그룹 동사 ❷	のむ 마시다	어미「む, ぶ, ぬ」→「んで」	のんで 마시고, 마셔서
	よぶ 부르다		よんで 부르고, 불러서
	しぬ 죽다		しんで 죽고, 죽어서

23 1그룹 동사 ❸의 て형: [기본형의 어미가 く, ぐ, す인 경우] ~いて, ~いで, ~して | 170쪽

1그룹 동사 ❸	かく 쓰다	어미「く」→「いて」	かいて 쓰고, 써서
	つなぐ (손을) 잡다	어미「ぐ」→「いで」	つないで (손을) 잡고, 잡아서
	おす 누르다	어미「す」→「して」	おして 누르고, 눌러서

24 2, 3그룹 동사의 て형: [2그룹] ~て, [3그룹] して, きて | 172쪽

2그룹 동사	たべる 먹다	어미「る」→「て」	たべて 먹고, 먹어서
3그룹 동사	くる 오다	★ 불규칙하므로 통째로 외우기	きて 오고, 와서
	きゃんせる キャンセルする 취소하다		きゃんせる キャンセルして 취소하고, 취소해서

📏 **실력 다지기**

1 다음 문장을 일본어로 바르게 옮겨 보세요.

1 저기를 오른쪽으로 **돌아서** 곧장 가요.

　あそこを 右_{みぎ}に _____ まっすぐ 行_いきます。[曲_まがる, 1그룹]

2 여기에서 커피를 **마시고** 가지 않을래요?

　ここで コーヒーを_{こ ひ} _____ 行_いきませんか。[飲_のむ, 1그룹]

3 취소(cancel)하고 다시 한번 부탁해요.

　_____ もう 一度_{いちど} おねがいします。[キャンセルする, 3그룹]

🛡 **도전! 일본어 시험** ☆ JPT [문법] 출제 ☆

2 다음 ___의 ①·②·③·④ 중 올바르지 않은 것을 하나 고르세요.

1 メンバーを_{めんば} よびて ラーメンを_{ら めん} 食_たべます。
　　　①　　　　②　　　　　③　　　　④

2 ツアーを_{つ あ} キャンセルして_{きゃんせる} ホテル_{ほてる} は 帰_{かえ}りますか。
　　　①　　　　　②　　　　　　③　　④

＊힌트

1 올바른 문장은 '멤버를 불러서 라면을 먹어요.'입니다.

2 올바른 문장은 '투어를 취소하고 호텔로 돌아가요?'입니다.

이번 주 핵심 문법 DAY 18-19

25 な·い형용사의 て형: [な형용사] ~で, [い형용사] ~くて |180쪽

な 형용사	きれいだ 예쁘다	어미「だ」→「で」	きれいで 예쁘고, 예뻐서
い 형용사	おいしい 맛있다	어미「い」→「くて」	おいしくて 맛있고, 맛있어서

예) ロビンさんは しずかで きれいです。[しずかだ, な형용사]
로빈 씨는 조용하고 예뻐요.

その お店は おいしくて 安いです。[おいしい, い형용사]
그 가게는 맛있고 (가격이) 싸요.

26 동사의 て형을 활용한 허락 표현: ~ても いいです |182쪽

예) 手を つないでも いいです。[つなぐ, 1그룹]
손을 잡아도 돼요.

ケーキを 食べても いいです。[食べる, 2그룹]
케이크를 먹어도 돼요.

27 동사의 て형을 활용한 시도 표현: ~て みます |190쪽

예) この お店に 行って みます。[行く, 1그룹]
이 가게에 가 볼게요.

ほかの メンバーも 呼んで みます。[呼ぶ, 1그룹]
다른 멤버도 불러 볼게요.

28 동사의 て형을 활용한 부탁 표현: ~て ください |192쪽

예) この ボタンを おして ください。[おす, 1그룹]
이 버튼을 눌러 주세요.

この 写真を 見て ください。[見る, 2그룹]
이 사진을 봐 주세요.

실력 다지기

1 다음 문장을 일본어로 바르게 옮겨 보세요.

1 손을 **잡아도 돼요**.

　手を _____ 。[つなぐ, 1그룹]

2 다른 멤버도 **불러 볼게요**.

　ほかの メンバーも _____ 。[呼ぶ, 1그룹]

3 이 버튼을 **눌러 주세요**.

　この ボタンを _____ 。[おす, 1그룹]

도전! 일본어 시험 ☆ JPT [문법] 출제 ☆

2 다음 ___ 의 ①·②·③·④ 중 올바르지 않은 것을 하나 고르세요.

1 その お店は おいしいて 安いです。
　　①　　②　　　③　　　④

2 この 写真に 見て ください。
　　①　②　　③　　④

> ***힌트**
> **1** 올바른 문장은 '그 가게는 맛있고 싸요.'입니다.
> **2** 올바른 문장은 '이 사진<u>을</u> 봐 주세요.'입니다.

HOKKAIDO

⭐ 우리만 알고 있는 여행 이야기

홋카이도

홋카이도(北海道)에는 왜 서양식 건물이 많을까요?

원래 홋카이도에는 아주 옛날부터 아이누족이라는 민족이 살고 있었습니다. 그래서 지금도 '오타루(小樽)'와 같이 아이누족의 언어가 남아 있는 지명이 많습니다.

일본이 홋카이도를 본격적으로 개발하기 시작한 것은 1869년입니다. 당시 서양 기술을 적극적으로 도입하고 정책적으로 개척을 추진한 영향으로 현재에도 홋카이도 곳곳에서는 오래된 서양식 건물을 볼 수 있습니다. 홋카이도는 이런 역사적 배경하에서 광대한 땅과 드넓은 바다 등 풍요로운 자연의 혜택으로 일본 내에서도 이국적인 문화를 이루었고 그것이 바로 홋카이도만의 독특한 매력이 되었습니다.

▲삿포로의 심벌, 홋카이도 구도청사

이것이 바로
홋카이도 여행을 추천하는 이유!

✓ 광대한 자연 속에서 만끽하는 자유로움은 다른 어떤 지역에서도 맛볼 수 없다!!

✓ 일본에서 유일하게 장마가 없는 홋카이도! 시원한 여름을 보낼 수 있어 **GOOD!!**

✓ 일본 최대의 식량 생산 기지! 해산물, 유제품, 채소, 뭘 먹어도 맛있는 것밖에 없다!

맛으로 만나 보는 홋카이도

일본 현지인이 즐기는 대표 음식을 소개합니다!

🎖 마루세이 버터샌드(홋카이도)

부드러운 비스킷 사이에 진~한 버터 크림과 건포도가 듬뿍! 커피나 차와 찰떡궁합이에요!

あー、おいしい～！

🎖 잔기(홋카이도)
닭고기에 간장, 마늘 등의 양념으로 맛을 내고 옷을 입혀 튀긴 요리입니다. 일반 닭고기 튀김보다 맛이 진합니다.

🎖 징기스칸(홋카이도)
가운데가 솟은 냄비 위쪽에는 얇게 썬 양고기를 올리고 아래쪽에는 채소를 올려 구워 먹는 일본식 불고기 요리입니다.

🎖 삿포로 라면(삿포로)
돼지뼈로 우려낸 육수에 된장을 넣어서 끓인 독특한 국물이 라면의 감칠맛을 더합니다.

 삿포로 사람처럼

'아주 맛있다~!'
나 마 라 오 이 시 -
なまら おいしい～！

🎖 가이센돈(홋카이도)

신선한 해산물이 가득 담긴 덮밥입니다. 여러 종류의 해산물이 마치 보석함을 연상케 합니다.

나만의 일본 여행 버킷리스트

{어디를 가고, 뭘 보고, 뭘 먹고, 뭘 사고 싶은지~ 쓰는 건 나만의 자유니까~!}

가고 싶은 곳

보고 싶은 것

먹고 싶은 것

사고 싶은 것

연습 문제 정답

01. 맛있는 핵심 문법 연습 정답과 해석
02. 맛있는 연습 문제 정답
03. 완전 익히기 정답

DAY 03

맛있는 핵심 문법　37쪽

01 ① はい、さしみです。
네, 생선회예요.

② はい、にくです。
네, 고기예요.

③ はい、おはしです。
네, 젓가락이에요.

02 ① いいえ、すしじゃないです。
아니요, 초밥이 아니에요.

② いいえ、たこじゃないです。
아니요, 문어가 아니에요.

③ いいえ、けちじゃないです。
아니요, 구두쇠가 아니에요.

맛있는 핵심 문법　39쪽

03 ① いかの さしみです。
오징어 생선회예요.

② 日本の かたです。
일본 분이세요.

③ たこの すしです。
문어 초밥이에요.

④ ひこうきの チケットです。
비행기 티켓이에요.

맛있는 연습 문제　42쪽

1 ① おみやげじゃないです。

② にくじゃないです。

③ たこじゃないです。

④ 日本の かたじゃないです。

⑤ いかの すしじゃないです。

⑥ ひこうきの チケットじゃないです。

2 ① モク・ユビンです。

② 韓国の かたですか。

DAY 04

맛있는 핵심 문법　47쪽

01 ① チケットは それです。
티켓은 그것이에요.

② ひこうきは あれです。
비행기는 저것이에요.

③ たこの すしは どれですか。
문어 초밥은 어느 것이에요?

02 ① この すしは たこですか。
이 초밥은 문어예요?

② その すしは まぐろですか。
그 초밥은 참치예요?

③ あの すしは たまごですか。
저 초밥은 달걀(계란말이)이에요?

맛있는 핵심 문법　49쪽

03 ① まぐろの すし、ふたつ ください。
참치 초밥, 두 개 주세요.

② その おみやげ、みっつ ください。
그 여행 선물, 세 개 주세요.

③ たまご、いつつ ください。
달걀, 다섯 개 주세요.

④ これ、やっつ ください。
이거, 여덟 개 주세요.

맛있는 연습 문제　　52쪽

1　① おみやげは これです。

　② チケットは それじゃないです。

　③ まぐろは どれですか。

　④ クレープ、ひとつ ください。

　⑤ すし、みっつ ください。

　⑥ たまご、ななつ ください。

2　① おすすめの クレープは どれですか。

　② チョコバナナ、ふたつ ください。

DAY 05 첫째 주 다시 보기

실력 다지기　　55쪽

1　① た・ち・つ・て・と

　② ぱ・ぴ・ぷ・ぺ・ぽ

　③ りゃ・りゅ・りょ

도전! 일본어 시험　　55쪽

2　① ②

| 문제 풀이 |

れっしゃ[3박자]: ①すし[2박자], ②さしみ[3박자], ③にほんご[4박자], ④たこやき[4박자]

② ③

| 문제 풀이 |

おいしい[4박자]: ①しゃしん[3박자], ②りょこう[3박자], ③いっぱい[4박자], ④りょうり[3박자]

실력 다지기　　57쪽

1　① はい、おみやげです。

　② あさくさの おみやげ

　③ おみやげは これです。

도전! 일본어 시험　　57쪽

2　① ②

| 문제 풀이 |

いいえ、おみやげじゃないです。
아니요, 여행 선물이 아니에요.

② ④

| 문제 풀이 |

おみやげは どれですか。
여행 선물은 어느 것이에요?

DAY 06

맛있는 핵심 문법　　　　　　　　65쪽

01 ① 有名な おんせん　유명한 온천
　　② きれいな けしき　예쁜 경치
　　③ すてきな えき　멋진 역
　　④ すきな すし　좋아하는 초밥

맛있는 핵심 문법　　　　　　　　67쪽

02 ① おしろが 有名です。
　　　성이 유명해요.
　　② ほしが きれいです。
　　　별이 예뻐요.
　　③ すしが きらいです。
　　　초밥을 싫어해요.

03 ① おんせんが 有名じゃないです。
　　　온천이 유명하지 않아요.
　　② けしきが きれいじゃないです。
　　　경치가 예쁘지 않아요.
　　③ さしみが すきじゃないです。
　　　생선회를 좋아하지 않아요.

맛있는 연습 문제　　　　　　　　70쪽

1 ① すてきな おみやげ
　　② 有名な おんせん
　　③ きれいな けしき
　　④ おみやげが すてきです。
　　⑤ けしきが きれいじゃないです。
　　⑥ かんこうが たいへんですか。

2 ① 姫路城は 日本で 有名な おしろです。
　　② けしきが とても きれいです。

DAY 07

맛있는 핵심 문법　　　　　　　　75쪽

01 ① あつい コーヒー　뜨거운 커피
　　② あまい クレープ　달콤한 크레페
　　③ おいしい すし　맛있는 초밥
　　④ いい おみせ　좋은 가게

맛있는 핵심 문법　　　　　　　　77쪽

02 ① かたちが いいです。
　　　모양이 좋아요.
　　② コーヒーが あついです。
　　　커피가 뜨거워요.
　　③ すしが おおきいです。
　　　초밥이 커요.

03 ① かたちが よくないです。
　　　모양이 좋지 않아요.
　　② ラーメンが あつくないです。
　　　라면이 뜨겁지 않아요.
　　③ おみせが おおきくないです。
　　　가게가 크지 않아요.

맛있는 연습 문제　　　　　　　　80쪽

1 ① あまい クレープ
　　② おいしい すし
　　③ おおきい おみせ

④ コーヒーが あついです。

⑤ かたちが よくないです。

⑥ たこやきが おいしいですか。

2 ① ここが 大阪で 一番 おいしい おみせです。

② できたてが おいしいです。

DAY 08

맛있는 핵심 문법 85쪽

01 ① 京ホテルに 行きたいんですが。
   교호텔에 가고 싶은데요.

   ② 姫路城に 行きたいんですが。
   히메지성에 가고 싶은데요.

   ③ この おんせんに 行きたいんですが。
   이 온천에 가고 싶은데요.

   ④ この たこやきの おみせに 行きたいんですが。
   이 다코야키 가게에 가고 싶은데요.

맛있는 핵심 문법 87쪽

02 ① 一番 近い 出口は どこですか。
   가장 가까운 출구는 어디예요?

   ② 一番 近い ホテルは どこですか。
   가장 가까운 호텔은 어디예요?

   ③ 一番 近い ラーメンの おみせは どこですか。
   가장 가까운 라면 가게는 어디예요?

   ④ 一番 近い バスていは どこですか。
   가장 가까운 버스 정류장은 어디예요?

맛있는 연습 문제 90쪽

1 ① 浅草駅に

   ② 行きたいんですが。

   ③ 一番 近い 駅

   ④ どこですか。

   ⑤ ここです。

   ⑥ あそこです。

2 ① 八坂神社に 行きたいんですが。

   ② 一番 近い 駅は どこですか。

DAY 09

맛있는 핵심 문법 95쪽

01 ① 今、4時です。 지금, 4시예요.
   ② 今、7時です。 지금, 7시예요.
   ③ 今、9時です。 지금, 9시예요.
   ④ 今、11時です。 지금, 11시예요.

맛있는 핵심 문법 97쪽

02 ① そこに 海野さんが います。
   거기에 우미노 씨가 있어요.

   ② おんせんに さるが います。
   온천에 원숭이가 있어요.

   ③ さいふに お金が あります。
   지갑에 돈이 있어요.

03 ① 駅に ラーメンの おみせが ありません。
   역에 라면 가게가 없어요.

② たこやきに たこが ありません。
다코야키에 문어가 없어요.

③ ホテルに モクさんが いません。
호텔에 목 씨가 없어요.

맛있는 연습 문제　　　　　　　　100쪽

1 ① 今、何時ですか。

② 午後 4時です。

③ おんせんに さるが います。

④ ホテルに モクさんが いません。

⑤ さいふに お金が あります。

⑥ たこやきに たこが ありません。

2 ① 3時です。

② あそこに しかが たくさん います。

 **둘째 주 다시 보기**

　실력 다지기　　　　　　　　　103쪽

1 ① すてきな おみやげ

② けしきが きれいじゃないです。

③ たこやきが おおきいです。

　도전! 일본어 시험　　　　　　103쪽

2 ① ③
| 문제 풀이 |
おみやげが すてきです。
여행 선물이 멋져요.

② ②
| 문제 풀이 |
かたちが よくないです。
모양이 좋지 않아요.

　실력 다지기　　　　　　　　　105쪽

1 ① 浅草駅に 行きたいんですが。

② 一番 近い コンビニは どこですか。

③ 駅に ねこが います。

　도전! 일본어 시험　　　　　　57쪽

2 ① ①
| 문제 풀이 |
そこに ねこが います。
거기에 고양이가 있어요.

② ④
| 문제 풀이 |
さいふに お金が ありません。
지갑에 돈이 없어요.

DAY 11

맛있는 핵심 문법　　　　　　113쪽

01 ① 行く　　→ [1그룹] 가다

② 食べる　→ [2그룹] 먹다

③ はいる → [1그룹] 들어가(오)다

④ 注文する → [3그룹] 주문하다

⑤ 来る → [3그룹] 오다

맛있는 핵심 문법 115쪽

02 ① 午後は 行きます。
오후는 가요.

② タクシーに 乗ります。
택시를 타요.

③ チケットを 買います。
티켓을 사요.

03 ① 午前は 行きません。
오전은 가지 않아요.

② ふねに 乗りません。
배를 타지 않아요.

③ たこやきを 買いません。
다코야키를 사지 않아요.

맛있는 연습 문제 118쪽

1 ① 待ちます

② 飲みます

③ 行きます

④ 買います

⑤ すわります

⑥ とります

2 ① ちょっと 待ちますか。

② お茶を 飲みますか。

DAY 12

맛있는 핵심 문법 123쪽

01 ① 7時に 起きます。
7시에 일어나요.

② この 駅で 乗りかえます。
이 역에서 갈아타요.

③ もう 寝ます。
이제 자요.

02 ① １２時に 起きません。
12시에 일어나지 않아요.

② この バスていで 乗りかえません。
이 버스 정류장에서 갈아타지 않아요.

③ まだ 寝ません。
아직 자지 않아요.

맛있는 핵심 문법 125쪽

03 ① 芸能人が 来ます。
연예인이 와요.

② 温泉ツアーを キャンセルします。
온천 투어를 취소해요.

③ ひこうきの チケットを 予約します。
비행기 티켓을 예약해요.

04 ① 空港バスが 来ません。
공항버스가 오지 않아요.

② ホテルを キャンセルしません。
호텔을 취소하지 않아요.

③ かんこうツアーを 予約しません。
관광 투어를 예약하지 않아요.

맛있는 연습 문제 128쪽

1 ① 食べます

② 起きます

③ 乗りかえます

④ 来ます。

⑤ 予約します

⑥ キャンセルをします

2 ① でも、じごくむしプリンは 食べます。

② じごくめぐりツアーを 予約します。

DAY 13

맛있는 핵심 문법　　　133쪽

01 ① じごくめぐりに 行きませんか。
지옥 순례에 가지 않을래요?

② たこやきを 食べませんか。
다코야키를 먹지 않을래요?

③ あした 来ませんか。
내일 오지 않을래요?

④ 温泉ツアーを 予約しませんか。
온천 투어를 예약하지 않을래요?

맛있는 핵심 문법　　　135쪽

02 ① ラーメンを 食べたいです。
라면을 먹고 싶어요.

② この ツアーを 予約したいです。
이 투어를 예약하고 싶어요.

③ また 来たいです。
또 오고 싶어요.

03 ① すしを 食べたくないです。
초밥을 먹고 싶지 않아요.

② ホテルを 予約したくないです。
호텔을 예약하고 싶지 않아요.

③ もう 来たくないです。
이제 오고 싶지 않아요.

맛있는 연습 문제　　　138쪽

1 ① 行きませんか
② 食べませんか
③ 来ませんか
④ 乗りたいです
⑤ 見たいです
⑥ 予約したいです

2 ① あしたは 阿蘇に 行きませんか。
② 阿蘇の 草千里に 行きたいです。

DAY 14

맛있는 핵심 문법　　　143쪽

01 ① ツアーが 大変でした。
투어가 힘들었어요.

② 空港バスの チケットが 高かったです。
공항버스 티켓이 비쌌어요.

③ しんかんせんの 駅が 遠かったです。
신칸센 역이 멀었어요.

02 ① ツアーの キャンセルが 大変じゃなかったです。
투어 취소가 힘들지 않았어요.

② 長崎の おみやげが 高くなかったです。
나가사키 여행 선물이 비싸지 않았어요.

③ 駅から ホテルが 遠くなかったです。
역에서 호텔이 멀지 않았어요.

맛있는 핵심 문법　145쪽

03 ① ラーメンを 食べました。
라면을 먹었어요.

② この ツアーを 予約しました。
이 투어를 예약했어요.

③ きのうは 来ました。
어제는 왔어요.

04 ① 長崎ちゃんぽんを 食べませんでした。
나가사키짬뽕을 먹지 않았어요.

② ホテルを 予約しませんでした。
호텔을 예약하지 않았어요.

③ だれも 来ませんでした。
아무도 오지 않았어요.

맛있는 연습 문제　148쪽

1 ① すてきでした
② 高かったです
③ 遠かったです
④ 買いました
⑤ 食べました
⑥ 来ました

2 ① 長崎ちゃんぽんが とても おいしかったです。
② カステラを たくさん 買いました。

DAY 15　셋째 주 다시 보기

◀ 실력 다지기 ▶　151쪽

1 ① お茶を 飲みますか。
② でも、じごくむしプリンは 食べます。
③ じごくめぐりツアーを 予約します。

🛡 도전! 일본어 시험　151쪽

2 ① ③
| 문제 풀이 |
4時に この 駅 で 乗りかえます。
4시에 이 역 에서 갈아타요.

② ②
| 문제 풀이 |
おみせの 人 が 来ます。
가게(의) 사람 이 와요.

◀ 실력 다지기 ▶　153쪽

1 ① 地下鉄に 乗りませんか。
② ラーメンを 食べたくないです。
③ しんかんせんに 乗りかえました。

🛡 도전! 일본어 시험　153쪽

2 ① ③
| 문제 풀이 |
大阪で たこやき を 食べませんか。
오사카에서 다코야키 를 먹지 않을래요?

② ④
| 문제 풀이 |
ひこうきの チケット が 高かったです。
비행기(의) 티켓 이 비쌌어요.

연습 문제 정답　213

DAY 16

맛있는 핵심 문법   161쪽

01 ① ここで 列車を 待って 乗りかえます。
여기에서 열차를 기다리고 갈아타요.

② 時計台に 行って 写真を とります。
시계탑에 가서 사진을 찍어요.

③ 写真を とって おみやげを 買います。
사진을 찍고 여행 선물을 사요.

④ そこを 曲がって まっすぐ 行きます。
거기를 돌아서 곧장 가요.

맛있는 핵심 문법   163쪽

02 ① 主人公が 死んで ドラマが 終わります。
주인공이 죽고 드라마가 끝나요.

② ジュースを 飲んで おみやげを 買います。
주스를 마시고 여행 선물을 사요.

③ 7時まで 遊んで 駅に 行きます。
7시까지 놀고 역에 가요.

④ ロビンさんを 呼んで たこやきを 食べます。
로빈 씨를 불러서 다코야키를 먹어요.

맛있는 연습 문제   166쪽

1 ① 曲がって
② 待って
③ 行って
④ 飲んで
⑤ 呼んで
⑥ 死んで

2 ① あそこを 右に 曲がって まっすぐ 行きます。

② ここで コーヒーを 飲んで 行きませんか。

DAY 17

맛있는 핵심 문법   171쪽

01 ① 手を つないで 写真を とります。
손을 잡고 사진을 찍어요.

② ボタンを おして ジュースを 買います。
버튼을 눌러서 주스를 사요.

③ 名前を 書いて ツアーを 予約します。
이름을 쓰고 투어를 예약해요.

④ いそいで ホテルに 帰ります。
서둘러서 호텔에 돌아가요.

맛있는 핵심 문법   173쪽

02 ① この 駅で 乗りかえて 美瑛に 行きます。
이 역에서 갈아타서 비에이에 가요.

② 6時に 起きて 空港バスに 乗ります。
6시에 일어나서 공항버스를 타요.

③ ドラマを 見て 11時に 寝ます。
드라마를 보고 11시에 자요.

03 ① ツアーを キャンセルして ホテルに 帰ります。
투어를 취소하고 호텔에 돌아가요.

② チケットを 予約して しんかんせんに 乗ります。
티켓을 예약하고 신칸센을 타요.

③ ここに 来て お昼を 食べます。
여기에 와서 점심을 먹어요.

맛있는 연습 문제   176쪽

1 ① おして

② つないで
③ 書いて
④ 食べて
⑤ 来て
⑥ 予約して

2 ① この ボタンを おして とります。
② キャンセルして もう 一度 おねがいします。

DAY 18

맛있는 핵심 문법　　　181쪽

01 ① この ホテルは 有名で 高いです。
이 호텔은 유명하고 비싸요.

② 主人公が きれいで すてきです。
주인공이 예쁘고 멋져요.

③ 予約が 大変で きらいです。
예약이 힘들어서 싫어해요.

02 ① 海野さんは やさしくて きれいです。
우미노 씨는 상냥하고 예뻐요.

② かたちが よくて おいしいです。
모양이 좋고 맛있어요.

③ この お店は 安くて すきです。
이 가게는 싸서 좋아해요.

맛있는 핵심 문법　　　183쪽

03 ① ケーキを 食べても いいです。
케이크를 먹어도 돼요.

② この ツアーを キャンセルしても いいです。
이 투어를 취소해도 돼요.

③ いっしょに 写真を とっても いいです。
같이 사진을 찍어도 돼요.

④ 4時に 来ても いいです。
4시에 와도 돼요.

맛있는 연습 문제　　　186쪽

1 ① 有名で
② やさしくて
③ よくて
④ つないで
⑤ 食べて
⑥ キャンセルして

2 ① 夜景が きれいで すてきですね。
② いっしょに 写真を とっても いいですか。

DAY 19

맛있는 핵심 문법　　　191쪽

01 ① ほかの メンバーも 呼んで みます。
다른 멤버도 불러 볼게요.

② チーズケーキを 食べて みます。
치즈케이크를 먹어 볼게요.

③ あした 来て みます。
내일 와 볼게요.

02 ① しんかんせんに 乗って みたいです。
신칸센을 타 보고 싶어요.

② 小樽の 夜景を 見て みたいです。
오타루 야경을 봐 보고 싶어요.

③ この ツアーを 予約して みたいです。
이 투어를 예약해 보고 싶어요.

맛있는 핵심 문법　　　　　　　　　　193쪽

03 ① この 写真を 見て ください。
이 사진을 봐 주세요.

② ホテルを 予約して ください。
호텔을 예약해 주세요.

③ ほかの メンバーも 呼んで ください。
다른 멤버도 불러 주세요.

④ また 今度 来て ください。
다음에 또 와 주세요.

맛있는 연습 문제　　　　　　　　196쪽

1 ① 呼んで みます

② 食べて みます

③ 来て みます

④ おして ください

⑤ 見て ください

⑥ 予約して ください

2 ① ここで チーズケーキを 食べて みたいです。

② ちょっと 待って ください。

넷째 주 다시 보기

실력 다지기　　　　　　　　　　199쪽

1 ① あそこを 右に 曲がって まっすぐ 行きます。

② ここで コーヒーを 飲んで 行きませんか。

③ キャンセルして もう 一度 おねがい します。

도전! 일본어 시험　　　　　　　　199쪽

2 ① ②
|문제 풀이|
メンバーを よんで ラーメンを 食べます。
멤버를 불러서 라면을 먹어요.

② ③
|문제 풀이|
ツアーを キャンセルして ホテルに 帰りますか。 투어를 취소하고 호텔에 돌아가요?

실력 다지기　　　　　　　　　　201쪽

1 ① 手を つないでも いいです。

② ほかの メンバーも 呼んで みます。

③ この ボタンを おして ください。

도전! 일본어 시험　　　　　　　　201쪽

2 ① ③
|문제 풀이|
その お店は おいしくて 安いです。
그 가게는 맛있고 싸요.

② ②
|문제 풀이|
この 写真を 見て ください。
이 사진을 봐 주세요.

한눈에 OK! 일본어 문법, 표현 리스트 218

---

01. 나, 당신, 그(녀), 누구를 나타내는 표현
02. 국적을 나타내는 표현
03. 지시대명사
04. 조사
05. 숫자 표현
06. 부사
07. 명사, な·い형용사문
08. 동사의 활용

한눈에 OK! 핵심 표현 리스트 238

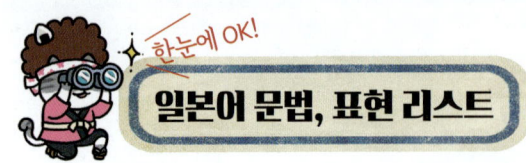

일본어 문법, 표현 리스트

01. 나, 당신, 그(녀), 누구를 나타내는 표현

나	당신	그/그녀	누구
나, 저 わたし	당신 あなた	그, 그 남자 彼(かれ)	누구 誰(だれ)
저 わたくし	~씨 ~さん	그녀 彼女(かのじょ)	어느 분 どなた

* 일본어는 상대방을 말할 때 보통 '당신'이라는 말보다 호칭으로 부를 때가 많습니다.

02. 국적을 나타내는 표현

국적		나		상대방	
한국	韓国(かんこく)	한국인	韓国(かんこく)じん	한국 분	韓国(かんこく)の かた
일본	日本(にほん)	일본인	日本(にほん)じん	일본 분	日本(にほん)の かた
중국	中国(ちゅうごく)	중국인	中国(ちゅうごく)じん	중국 분	中国(ちゅうごく)の かた
대만	台湾(たいわん)	대만인	台湾(たいわん)じん	대만 분	台湾(たいわん)の かた
미국	アメリカ	미국인	アメリカじん	미국 분	アメリカの かた

03. 지시대명사

	こ	そ	あ	ど
물건	이것 これ	그것 それ	저것 あれ	어느 것 どれ
명사 수식	이 크레페 この クレープ	그 크레페 その クレープ	저 크레페 あの クレープ	어느 크레페 どの クレープ
장소	여기, 이곳 ここ	거기, 그곳 そこ	저기, 저곳 あそこ	어디, 어느 곳 どこ

04. 조사

주어	~이/가	~が	できたてが おいしいです. 갓 나온 것이 맛있습니다.
대비, 주제	~은/는	~は	おみやげは これです. 여행 선물은 이것입니다.
명사 연결	~(의)	~の	おすすめの クレープ 추천 크레페
장소	~에서	~で	日本で 有名な おしろです. 일본에서 유명한 성입니다.
병립, 추가	~도	~も	あそこも かんこうコースですか. 저기도 관광 코스입니까?
대상	~을/를	~を	空港バスを 待ちます. 공항버스를 기다립니다.
출발, 통과점	~을/를	~を	あそこを 右に 曲がります. 저기를 오른쪽으로 돕니다.
출발점	~에서, ~부터	~から	ここから 時計台は 遠いですか. 여기에서 시계탑은 멉니까?
종점	~까지	~まで	あそこまで たいへんじゃないですか. 저기까지 힘들지 않습니까?.
도착 지점	~에, ~(으)로	~に	八坂神社に 行きたいんですが. 야사카신사에 가고 싶은데요.
존재	~에	~に	温泉に さるが います. 온천에 원숭이가 있습니다.
시간	~에	~に	7時に 起きます. 7시에 일어납니다.
의문	~까	~か	韓国の かたですか. 한국 분입니까?
감탄	~네요, 군요	~ね	あたたかい コーヒー、いいですね. 따뜻한 커피, 좋군요.

> **빨간색**은 예외적으로 발음되기 때문에 발음에 주의하세요.

05. 숫자 표현

[기본 숫자]

1	2	3	4	5
いち	に	さん	し/よん	ご
6	7	8	9	10
ろく	しち/なな	はち	く/きゅう	じゅう

11	12	13	14	15
じゅういち	じゅうに	じゅうさん	じゅうし/よん	じゅうご
16	17	18	19	20
じゅうろく	じゅうしち/なな	じゅうはち	じゅうく/きゅう	にじゅう

10	20	30	40	50
じゅう	にじゅう	さんじゅうさん	よんじゅう	ごじゅう
60	70	80	90	100
ろくじゅう	なな/しちじゅう	はちじゅう	きゅうじゅう	ひゃく

100	200	300	400	500
ひゃく	にひゃく	さんびゃく	よんひゃく	ごひゃく
600	700	800	900	1,000
ろっぴゃく	ななひゃく	はっぴゃく	きゅうひゃく	せん

1,000	2,000	3,000	4,000	5,000
せん	にせん	さんぜん	よんせん	ごせん
6,000	7,000	8,000	9,000	10,000
ろくせん	ななせん	はっせん	きゅうせん	いちまん

★ 0(영) れい, ゼロ / ～엔 ～円 / 얼마 いくら

* 가격을 말할 때는 위 숫자에 「～円(～엔)」을 붙여서 읽으면 됩니다. 단, 4엔이나 첫째 자리가 4엔일 경우는 「よえん」이라고 읽습니다.

[일본 고유의 숫자 세기(물건을 셀 때)]

하나, 한 개	둘, 두 개	셋, 세 개	넷, 네 개	다섯, 다섯 개
ひとつ	ふたつ	みっつ	よっつ	いつつ
여섯, 여섯 개	일곱, 일곱 개	여덟, 여덟 개	아홉, 아홉 개	열, 열 개
むっつ	ななつ	やっつ	ここのつ	とお

★ 몇 개 いくつ

[사람을 셀 때]

한 명	두 명	세 명	네 명	다섯 명
ひとり	ふたり	さんにん	よにん	ごにん
여섯 명	일곱 명	여덟 명	아홉 명	열 명
ろくにん	ななにん	はちにん	きゅうにん	じゅうにん

★ 몇 명 何人(なんにん)

[티켓(종이)을 셀 때]

한 장	두 장	세 장	네 장	다섯 장
いちまい	にまい	さんまい	よんまい	ごまい
여섯 장	일곱 장	여덟 장	아홉 장	열 장
ろくまい	ななまい	はちまい	きゅうまい	じゅうまい

★ 몇 장 何枚(なんまい)

[가늘고 긴 물건을 셀 때(연필, 펜, 병, 우산 등)]

한 자루, 한 개	두 자루, 두 개	세 자루, 세 개	네 자루, 네 개	다섯 자루, 다섯 개
いっぽん	にほん	さんぼん	よんほん	ごほん
여섯 자루, 여섯 개	일곱 자루, 일곱 개	여덟 자루, 여덟 개	아홉 자루, 아홉 개	열 자루, 열 개
ろっぽん	ななほん	はっぽん	きゅうほん	じゅっぽん

★ 몇 자루, 몇 개 何本(なんぼん)

[잔을 셀 때]

한 잔	두 잔	세 잔	네 잔	다섯 잔
いっぱい	にはい	さんばい	よんはい	ごはい
여섯 잔	일곱 잔	여덟 잔	아홉 잔	열 잔
ろっぱい	ななはい	はっぱい	きゅうはい	じゅっぱい

★ 몇 잔 何杯(なんばい)

[동물을 셀 때]

한 마리	두 마리	세 마리	네 마리	다섯 마리
いっぴき	にひき	さんびき	よんひき	ごひき
여섯 마리	일곱 마리	여덟 마리	아홉 마리	열 마리
ろっぴき	ななひき	はっぴき	きゅうひき	じゅっぴき

★ 몇 마리 何匹(なんびき)

[건물 층수를 셀 때]

1층	2층	3층	4층	5층
いっかい	にかい	さんがい	よんかい	ごかい
6층	7층	8층	9층	10층
ろっかい	ななかい	はっかい	きゅうかい	じゅっかい

★ 몇 층 何階(なんがい)

[나이를 셀 때]

한 살	두 살	세 살	네 살	다섯 살
いっさい	にさい	さんさい	よんさい	ごさい
여섯 살	일곱 살	여덟 살	아홉 살	열 살
ろくさい	ななさい	はっさい	きゅうさい	じゅっさい

★ 몇 살 何歳(なんさい)、いくつ

[번호를 셀 때]

1번	2번	3번	4번	5번
いちばん	にばん	さんばん	よんばん	ごばん
6번	7번	8번	9번	10번
ろくばん	ななばん	はちばん	きゅうばん	じゅうばん

★ 몇 번 何番(なんばん)

[시간 표현]

1시	2시	3시	4시
いちじ	にじ	さんじ	よじ
5시	6시	7시	8시
ごじ	ろくじ	しちじ	はちじ
9시	10시	11시	12시
くじ	じゅうじ	じゅういちじ	じゅうにじ

1분	2분	3분
いっぷん	にふん	さんぷん
4분	5분	6분
よんぷん	ごふん	ろっぷん
7분	8분	9분
ななふん	はっぷん	きゅうふん
10분	11분	12분
じゅっぷん	じゅういっぷん	じゅうにふん
20분	30분	반
にじゅっぷん	さんじゅっぷん	はん
40분	50분	60분
よんじゅっぷん	ごじゅっぷん	ろくじゅっぷん

몇 시	몇 분	지금
何時(なんじ)	何分(なんぷん)	今(いま)
오전	오후	정오
午前(ごぜん)	午後(ごご)	正午(しょうご)

[날짜 표현]

1월	2월	3월	4월	5월	6월
いちがつ	にがつ	さんがつ	しがつ	ごがつ	ろくがつ
7월	8월	9월	10월	11월	12월
しちがつ	はちがつ	くがつ	じゅうがつ	じゅういちがつ	じゅうにがつ

1일	2일	3일	4일	5일
ついたち	ふつか	みっか	よっか	いつか
6일	7일	8일	9일	10일
むいか	なのか	ようか	ここのか	とおか
11일	12일	13일	14일	15일
じゅういちにち	じゅうににち	じゅうさんにち	じゅうよっか	じゅうごにち
16일	17일	18일	19일	20일
じゅうろくにち	じゅうしちにち	じゅうはちにち	じゅうくにち	はつか
21일	22일	23일	24일	25일
にじゅういちにち	にじゅうににち	にじゅうさんにち	にじゅうよっか	にじゅうごにち
26일	27일	28일	29일	30일
にじゅうろくにち	にじゅうしちにち	にじゅうはちにち	にじゅうくにち	さんじゅうにち
31일				
さんじゅういちにち				

★ 몇 월 何月 なんがつ / 며칠 何日 なんにち / 언제 いつ

월요일	화요일	수요일	목요일	금요일	토요일	일요일
げつようび	かようび	すいようび	もくようび	きんようび	どようび	にちようび

★ 무슨 요일 何曜日 なんようび

그저께	어제	오늘	내일	모레
おととい	きのう	きょう	あした	あさって
지지난 주	지난주	이번 주	다음 주	다음다음 주
せんせんしゅう	せんしゅう	こんしゅう	らいしゅう	さらいしゅう
지지난 달	지난달	이번 달	다음 달	다음다음 달
せんせんげつ	せんげつ	こんげつ	らいげつ	さらいげつ
지지난 해	작년	올해	내년	내후년
おととし	きょねん	ことし	らいげつ	さらいねん

06. 부사

아주	가장, 제일	많이	(하나) 더	조금
とても	一番(いちばん)	たくさん	もう(ひとつ)	ちょっと
또	이제	아직(~하지 않다)	가끔	항상, 언제나
また	もう	まだ(~ない)	ときどき	いつも

たくさん 食(た)べる～！

07. 명사, な·い형용사문

[명사, な형용사문]

	명사	な형용사
기본형	おみやげだ 여행 선물이다	有名だ 유명하다
명사 수식	東京の おみやげ 도쿄 여행 선물	有名な おしろ 유명한 성
현재 긍정	おみやげです 여행 선물입니다	有名です 유명합니다
현재 부정	おみやげじゃないです 여행 선물이 아닙니다	有名じゃないです 유명하지 않습니다
과거 긍정	おみやげでした 여행 선물이었습니다	有名でした 유명했습니다
과거 부정	おみやげじゃなかったです 여행 선물이 아니었습니다	有名じゃなかったです 유명하지 않았습니다
의문문	おみやげですか 여행 선물입니까?	有名ですか 유명합니까?
て형(연결)	おみやげです 여행 선물이고, 여행 선물이어서	有名です 유명하고, 유명해서

[い形容사문]

	い形容사	*예외
기본형	おいしい 맛있다	いい 좋다
명사 수식	おいしい おみせ 맛있는 가게	いい 温泉(おんせん) 좋은 온천
현재 긍정	おいしいです 맛있습니다	いいです 좋습니다
현재 부정	おいしくないです 맛있지 않습니다	よくないです 좋지 않습니다
과거 긍정	おいしかったです 맛있었습니다	よかったです 좋았습니다
과거 부정	おいしくなかったです 맛있지 않았습니다	よくなかったです 좋지 않았습니다
의문문	おいしいですか 맛있습니까?	いいですか 좋습니까?
て형(연결)	おいしくて 맛있고, 맛있어서	よくて 좋고, 좋아서

[음식 관련 い형용사]

	한국어	일본어
맛	맛있다	おいしい
맛	맛없다	まずい
맛	맵다	辛(から)い
맛	달콤하다, 달다	甘(あま)い
맛	시다	すっぱい
맛	짜다	しょっぱい
맛	쓰다	苦(にが)い
맛	기름기가 많다, 느끼하다	脂(あぶら)っこい
맛	진하다	濃(こ)い
맛	싱겁다	薄(うす)い
온도	차갑다	冷(つめ)たい
온도	미지근하다	ぬるい
온도	따뜻하다	温(あたた)かい
온도	뜨겁다	熱(あつ)い

いい温泉(おんせん)〜！

08. 동사의 활용

[동사 ます형, て형]

	기본형 ~다	ます형 ~합니다	て형 ~하고, ~해서
1그룹 동사	買う 사다	買います 삽니다	買って 사고, 사서
	待つ 기다리다	待ちます 기다립니다	待って 기다리고, 기다려서
	曲がる 돌다	曲がります 돕니다	曲がって 돌고, 돌아서
	乗る 타다	乗ります 탑니다	乗って 타고, 타서
	すわる 앉다	すわります 앉습니다	すわって 앉고, 앉아서
	作る 만들다	作ります 만듭니다	作って 만들고, 만들어서
	とる (사진을) 찍다	とります (사진을) 찍습니다	とって (사진을) 찍고, 찍어서
	帰る 돌아가(오)다	帰ります 돌아갑(옵)니다	帰って 돌아가(오)고, 돌아가(와)서
	はいる 들어가(오)다	はいります 들어갑(옵)니다	はいって 들어가(오)고, 들어가(와)서
	行く 가다	行きます 갑니다	行って 가고, 가서
	飲む 마시다	飲みます 마십니다	飲んで 마시고, 마셔서
	呼ぶ 부르다	呼びます 부릅니다	呼んで 부르고, 불러서
	遊ぶ 놀다	遊びます 놉니다	遊んで 놀고, 놀아서
	死ぬ 죽다	死にます 죽습니다	死んで 죽고, 죽어서

	기본형 ~다	ます형 ~합니다	て형 ~하고, ~해서
1그룹 동사	書く 쓰다	書きます 씁니다	書いて 쓰고, 써서
	つなぐ (손을) 잡다	つなぎます (손을) 잡습니다	つないで (손을) 잡고, 잡아서
	おす 누르다	おします 누릅니다	おして 눌러서
2그룹 동사	見る 보다	見ます 봅니다	見て 보고, 봐서
	食べる 먹다	食べます 먹습니다	食べて 먹고, 먹어서
	起きる 일어나다	起きます 일어납니다	起きて 일어나고, 일어나서
	乗りかえる 갈아타다	乗りかえます 갈아탑니다	乗りかえて 갈아타고, 갈아타서
3그룹 동사	来る 오다	来ます 옵니다	来て 오고, 와서
	する 하다	します 합니다	して 하고, 해서
	注文する 주문하다	注文します 주문합니다	注文して 주문하고, 주문해서
	予約する 예약하다	予約します 예약합니다	予約して 예약하고, 예약해서
	キャンセルする 취소하다	キャンセルします 취소합니다	キャンセルして 취소하고, 취소해서

★ [현재 긍정] ます형 + ます ~합니다   ★ [현재 부정] ます형 + ません ~하지 않습니다
★ [과거 긍정] ます형 + ました ~했습니다   ★ [과거 부정] ます형 + ませんでした ~하지 않았습니다

[동사 ます형 활용('~하지 않을래요?', '~하고 싶습니다')]

	기본형 ~다	ます형 + ませんか ~합니다	ます형 + たいです ~하고, ~해서
1그룹 동사	買う 사다	買いませんか 사지 않을래요?	買いたいです 사고 싶어요
	待つ 기다리다	待ちませんか 기다리지 않을래요?	待ちたいです 기다리고 싶어요
	曲がる 돌다	曲がりませんか 돌지 않을래요?	曲がりたいです 돌고 싶어요
	乗る 타다	乗りませんか 타지 않을래요?	乗りたいです 타고 싶어요
	すわる 앉다	すわりませんか 앉지 않을래요?	すわりたいです 앉고 싶어요
	作る 만들다	作りませんか 만들지 않을래요?	作りたいです 만들고 싶어요
	とる (사진을) 찍다	とりませんか (사진을) 찍지 않을래요?	とりたいです (사진을) 찍고 싶어요
	帰る 돌아가(오)다	帰りませんか 돌아가(오)지 않을래요?	帰りたいです 돌아가(오)고 싶어요
	はいる 들어가(오)다	はいりませんか 들어가(오)지 않을래요?	はいりたいです 들어가(오)고 싶어요
	行く 가다	行きませんか 가지 않을래요?	行きたいです 가고 싶어요
	飲む 마시다	飲みませんか 마시지 않을래요?	飲みたいです 마시고 싶어요
	呼ぶ 부르다	呼びませんか 부르지 않을래요?	呼びたいです 부르고 싶어요
	遊ぶ 놀다	遊びませんか 놀지 않을래요?	遊びたいです 놀고 싶어요
	死ぬ 죽다	死にませんか 죽지 않을래요?	死にたいです 죽고 싶어요

	기본형 ~다	ます형 + ませんか ~하지 않을래요?	ます형 + たいです ~하고 싶어요
1그룹 동사	書く 쓰다	書きませんか 쓰지 않을래요?	書きたいです 쓰고 싶어요
	つなぐ (손을) 잡다	つなぎませんか (손을) 잡지 않을래요?	つなぎたいです (손을) 잡고 싶어요
	おす 누르다	おしませんか 누르지 않을래요?	おしたいです 누르고 싶어요
2그룹 동사	見る 보다	見ませんか 보지 않을래요?	見たいです 보고 싶어요
	食べる 먹다	食べませんか 먹지 않을래요?	食べたいです 먹고 싶어요
	起きる 일어나다	起きませんか 일어나지 않을래요?	起きたいです 일어나고 싶어요
	乗りかえる 갈아타다	乗りかえませんか 갈아타지 않을래요?	乗りかえたいです 갈아타고 싶어요
3그룹 동사	来る 오다	来ませんか 오지 않을래요?	来たいです 오고 싶어요
	する 하다	しませんか 하지 않을래요?	したいです 하고 싶어요
	注文する 주문하다	注文しませんか 주문하지 않을래요?	注文したいです 주문하고 싶어요
	予約する 예약하다	予約しませんか 예약하지 않을래요?	予約したいです 예약하고 싶어요
	キャンセルする 취소하다	キャンセルしませんか 취소하지 않을래요?	キャンセルしたいです 취소하고 싶어요

[동사 て형 활용('~해 봅니다', '~해 주세요')]

	기본형 ~다	て형 + て みます ~해 봅니다	て형 + て ください ~해 주세요
1그룹 동사	買う 사다	買って みます 사 봅니다	買って ください 사 주세요
	待つ 기다리다	待って みます 기다려 봅니다	待って ください 기다려 주세요
	曲がる 돌다	曲がって みます 돌아 봅니다	曲がって ください 돌아 주세요
	乗る 타다	乗って みます 타 봅니다	乗って ください 타 주세요
	すわる 앉다	すわって みます 앉아 봅니다	すわって ください 앉아 주세요
	作る 만들다	作って みます 만들어 봅니다	作って ください 만들어 주세요
	とる (사진을) 찍다	とって みます (사진을) 찍어 봅니다	とって ください (사진을) 찍어 주세요
	帰る 돌아가(오)다	帰って みます 돌아가(와) 봅니다	帰って ください 돌아가(와) 주세요
	はいる 들어가(오)다	はいって みます 들어가(와) 봅니다	はいって ください 들어가(와) 주세요
	行く 가다	行って みます 가 봅니다	行って ください 가 주세요
	飲む 마시다	飲んで みます 마셔 봅니다	飲んで ください 마셔 주세요
	呼ぶ 부르다	呼んで みます 불러 봅니다	呼んで ください 불러 주세요
	遊ぶ 놀다	遊んで みます 놀아 봅니다	遊んで ください 놀아 주세요
	死ぬ 죽다	死んで みます 죽어 봅니다	死んで ください 죽어 주세요

	기본형 ～다	て형 + て みます ～해 봅니다	て형 + て ください ～해 주세요
1그룹 동사	書く 쓰다	書いて みます 써 봅니다	書いて ください 써 주세요
	つなぐ (손을) 잡다	つないで みます (손을) 잡아 봅니다	つないで ください (손을) 잡아 주세요
	おす 누르다	おして みます 눌러 봅니다	おして ください 눌러 주세요
2그룹 동사	見る 보다	見て みます 봐 봅니다	見て ください 봐 주세요
	食べる 먹다	食べて みます 먹어 봅니다	食べて ください 먹어 주세요
	起きる 일어나다	起きて みます 일어나 봅니다	起きて ください 일어나 주세요
	乗りかえる 갈아타다	乗りかえて みます 갈아타 봅니다	乗りかえて ください 갈아타 주세요
3그룹 동사	来る 오다	来て みます 와 봅니다	来て ください 와 주세요
	する 하다	して みます 해 봅니다	して ください 해 주세요
	注文する 주문하다	注文して みます 주문해 봅니다	注文して ください 주문해 주세요
	予約する 예약하다	予約して みます 예약해 봅니다	予約して ください 예약해 주세요
	キャンセルする 취소하다	キャンセルして みます 취소해 봅니다	キャンセルして ください 취소해 주세요

[한국어로 보는 일본어 동사]

한국어	한국어	분류
가다	行く	1그룹
갈아타다	乗りかえる	2그룹
기다리다	待つ	1그룹
끝나다	終わる	1그룹
놀다	遊ぶ	1그룹
누르다	おす	1그룹
돌다	曲がる	1그룹
돌아가(오)다	帰る	1그룹
들어가(오)다	はいる	1그룹
마시다	飲む	1그룹
만들다	作る	1그룹
먹다	食べる	2그룹
보다	見る	2그룹
부르다	呼ぶ	1그룹

한국어	한국어	분류
사다	買う	1그룹
(사진을) 찍다	とる	1그룹
(손을) 잡다	つなぐ	1그룹
쓰다	書く	1그룹
앉다	すわる	1그룹
예약하다	予約する	3그룹
오다	来る	3그룹
일어나다	起きる	2그룹
자다	寝る	2그룹
주문하다	注文する	3그룹
죽다	死ぬ	1그룹
취소하다	キャンセルする	3그룹
타다	乗る	1그룹
하다	する	3그룹

Track 20-02

주	강	번호	핵심 표현	설명
WEEK 01	DAY 03	01	モク・ユビンです。 목유빈이에요.	36쪽
		02	韓国の かたですか。 한국 분이세요?	38쪽
	DAY 04	03	おすすめの クレープは どれですか。 추천 크레페는 어느 것이에요?	46쪽
		04	チョコバナナ、ふたつ ください。 초코바나나, 두 개 주세요.	48쪽
WEEK 02	DAY 06	05	姫路城は 日本で 有名な おしろです。 히메지성은 일본에서 유명한 성이에요.	64쪽
		06	けしきが とても きれいです。 경치가 아주 예뻐요.	66쪽
	DAY 07	07	ここが 大阪で 一番 おいしい おみせです。 여기가 오사카에서 가장 맛있는 가게예요.	74쪽
		08	できたてが おいしいです。 갓 나온 것이 맛있어요.	76쪽
	DAY 08	09	八坂神社に 行きたいんですが。 야사카신사에 가고 싶은데요.	84쪽
		10	一番 近い 駅は どこですか。 가장 가까운 역은 어디예요?	86쪽
	DAY 09	11	3時です。 3시예요.	94쪽
		12	あそこに しかが たくさん います。 저기에 사슴이 많이 있어요.	96쪽
WEEK 03	DAY 11	13	ちょっと 待ちますか。 조금 기다리겠어요?	112쪽
		14	お茶を 飲みますか。 차를 마시겠어요?	114쪽

주	강	번호	핵심 표현	설명
WEEK 03	DAY 12	15	でも、じごくむしプリンは 食べます。 하지만, 지옥찜 푸딩은 먹어요.	122쪽
		16	じごくめぐりツアーを 予約します。 지옥 순례 투어를 예약할게요.	124쪽
	DAY 13	17	あしたは 阿蘇に 行きませんか。 내일은 아소에 가지 않을래요?	132쪽
		18	阿蘇の 草千里に 行きたいです。 아소의 구사센리에 가고 싶어요.	134쪽
	DAY 14	19	長崎ちゃんぽんが とても おいしかったです。 나가사키짬뽕이 아주 맛있었어요.	142쪽
		20	カステラを たくさん 買いました。 카스텔라를 많이 샀어요.	144쪽
WEEK 04	DAY 16	21	あそこを 右に 曲がって まっすぐ 行きます。 저기를 오른쪽으로 돌아서 곧장 가요.	160쪽
		22	ここで コーヒーを 飲んで 行きませんか。 여기에서 커피를 마시고 가지 않을래요?	162쪽
	DAY 17	23	この ボタンを おして とります。 이 버튼을 눌러서 찍어요.	170쪽
		24	キャンセルして もう 一度 おねがいします。 취소하고 다시 한번 부탁해요.	172쪽
	DAY 18	25	夜景が きれいで すてきですね。 야경이 예쁘고 멋지네요.	180쪽
		26	いっしょに 写真を とってもいいですか。 같이 사진을 찍어도 돼요?	182쪽
	DAY 19	27	ここで チーズケーキを 食べて みたいです。 여기에서 치즈케이크를 먹어 보고 싶어요.	190쪽
		28	ちょっと 待って ください。 잠시 기다려 주세요.	192쪽

핵심 표현 리스트 **239**

사진 제공

- 강민호
- 구라미츠 카나
- 김수연
- 나오짱
- 쇼쿤
- 신은지
- 야하타 에미코
- 전유나
- 킴선
- 하씨

- 一般社団法人九州観光推進機構
- 一般社団法人札幌観光協会
- 一般社団法人長崎県観光連盟
- 一般社団法人美瑛町観光協会
- 熊本県
- 公益財団法人東京観光財団
- 公益社団法人ツーリズムおおいた
- 函館市観光部
- 姫路市
- 福岡市

히라가나, 가타카나
오십음도

Track 20-01

	あ단	い단	う단	え단	お단
あ행	あ ア [아 a]	い イ [이 i]	う ウ [우 u]	え エ [에 e]	お オ [오 o]
か행	か カ [카 ka]	き キ [키 ki]	く ク [쿠 ku]	け ケ [케 ke]	こ コ [코 ko]
さ행	さ サ [사 sa]	し シ [시 shi]	す ス [스 su]	せ セ [세 se]	そ ソ [소 so]
た행	た タ [타 ta]	ち チ [치 chi]	つ ツ [츠 tsu]	て テ [테 te]	と ト [토 to]
な행	な ナ [나 na]	に ニ [니 ni]	ぬ ヌ [누 nu]	ね ネ [네 ne]	の ノ [노 no]
は행	は ハ [하 ha]	ひ ヒ [히 hi]	ふ フ [후 fu]	へ ヘ [헤 he]	ほ ホ [호 ho]

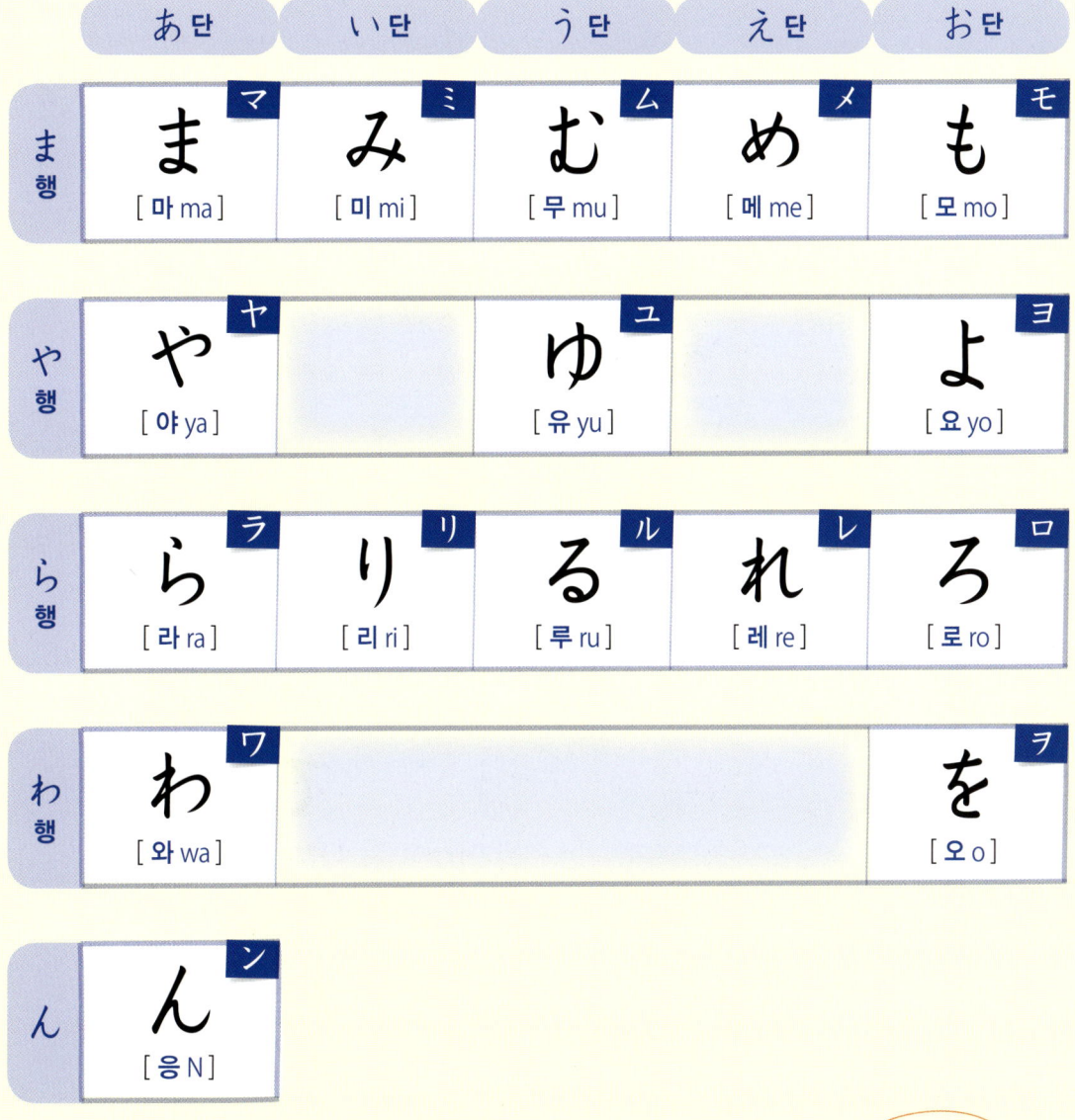

にほんご!